이제는,
넥스트 가파

이제는, 넥스트 가파 NEXT GAFA

Google   Amazon   Facebook   Apple

닛케이 비즈니스 지음
최예은 옮김

 디 이니셔티브

지금 돌이켜 보면 그 예언은 핵심을 꿰뚫은 것이었다. 구글과 아마존닷컴의 합병으로 '구글 존'이 탄생해 방대한 데이터를 수집한다. 그것을 기반으로 전 세계 사람들의 사상에서 소비 행동까지 세밀하게 분석하고, 미디어뿐 아니라 실질적으로 사회를 지배한다.

이것은 2004년에 공개한 플래시 무비 〈EPIC 2014〉가 상상한 세계다. 실제 현실 속에서 구글과 아마존은 합병하지 않았다. 단지 가상의 이야기일 뿐이지만 데이터를 가진 사람이 세계를 지배한다는 강렬한 메시지는 정곡을 찌른 것이었다.

지금 세계에 군림하는 IT 기업의 거인들은 실제로 대량의 개인 정보를 손에 넣고 막강한 지배력을 휘두르고 있다. 구글Google, 아마존Amazon, 페이스북Facebook, 애플Apple. 이들의 머리글자를 따서 '가파(GAFA)'라고 부른다.

전 세계에서 인터넷을 사용하는 수십억 명의 사람은 매일 GAFA 의 제품이나 서비스를 이용한다. 이제 전기나 수도처럼 우리 생활의 필수 인프라가 되었다. 남녀노소를 불문하고 많은 사람이 매일 구글 검색이나 지메일을 사용한다. 스마트폰이나 TV도 구글의 OS(운영체제) 안드로이드를 탑재한 제품이 많다.

아마존에서 기저귀나 음료수를 주문하면 당일 배송해 주고, AI(인공지능) 스피커 '알렉사'에게 모르는 것을 물어보면 곧바로 답을 가르쳐 준다. 페이스북에 오늘 있었던 일을 올려 멀리 떨어진 친구들과 교류한다. 애플의 '아이폰' 화면을 하루에 몇 시간씩 쳐다보고 AI 'Siri'와 스마트폰 결제 '애플페이'를 사용하는 사람도 많다.

그러나 이러한 편리함은 GAFA의 겉모습에 지나지 않는다. 그들은 보이지 않는 곳에서 기분 나쁠 정도로 상세하게 이용자들의 행동을 파악하고 있다. 빅데이터를 AI로 분석하여 소비자가 흥미를 느낄만한 광고를 노출하거나 상품을 추천하는 일은 서막에 불과할 뿐, 수면 아래에서는 수집한 개인 정보를 다른 회사에 판매한 사실도 드러났다.

세계적으로 GAFA를 규제하려는 바람이 몰아치다

21세기의 석유로 불리는 데이터는 '돈을 낳는 나무'다. 그것을 무기로 성장을 계속해 온 GAFA, 4개사의 주식 시가 총액 역시 천문학적 숫자에 달한다. 2019년 5월 시점, 각각 5000억 달러(600조 원)

에서 1조 달러(1200조 원)에 이르며 모두 세계 톱 5에 들어가 있다.

그런데 최근 GAFA의 성장세가 주춤한 상태다. 수집한 정보를 마음대로 사용해 돈을 벌어들인다는 비판을 받으며, 그것을 규제하려는 움직임이 전 세계에서 들불처럼 번지고 있기 때문이다.

선두에 서 있는 곳은 EU(유럽연합)로 2018년 5월 개인 정보를 보호하는 '개인정보보호 일반규칙(GDPR)'을 만들어 시행했다. 대상은 물론 대량의 개인 정보를 보유한 GAFA다. EU는 2019년 1월, 이 법을 위반했다며 구글에 5000만 유로(650억 원)에 달하는 과징금을 부과했다. 페이스북도 GDPR법 위반으로 고소당한 상태다.

GAFA는 독점금지법 위반도 추궁당하고 있다. 유럽연합 집행위원회(EC)는 2019년 3월, 인터넷 광고 사업에서 경쟁을 제한하는 계약을 맺었다는 이유로 구글에 14억 9000만 유로(약 1조 9400억 원)의 과징금을 부과했다. 유럽연합 집행위원회는 페이스북과 아마존, 애플에 대한 조사도 시작했다.

미국에서도 이와 유사한 움직임을 보인다. 미국 법무부와 연방거래위원회(FTC)가 GAFA를 독점금지법 위반으로 조사할 예정이다. 일본과 인도 등에서도 GAFA를 규제하려는 움직임이 커지고 있다.

"내가 미국 대통령이 되면 GAFA를 해체하겠다." 이러한 공약을 내건 정치인마저 등장했다. 바로 미국의 민주당 상원의원 엘리자베스 워런이다. 해체론까지 불거진 상황에서 GAFA의 행동은 제약을 받을 수밖에 없고 성장세는 더욱 주춤해질 전망이다.

GAFA의 현재 상황은 20년 전의 마이크로소프트와 유사하다. 마이크로소프트는 OS 시장에서 압도적인 점유율을 바탕으로 시장을 독점했다며 미국 법무부에 제소당했다. 12년 동안 이어진 소송에 대응하며 마이크로소프트는 성장의 기세를 잃고 IT업계의 리더 자리를 GAFA에 넘겨주었다. 마이크로소프트의 주가는 10년 이상 침체 상태에 빠졌다가 최근에 원상태로 복귀했다. GAFA도 이와 같은 전철을 밟지 않으리라는 보장이 없다.

그러한 가운데 혁신 기술을 창출하는 차세대 벤처기업에 관한 관심이 점점 높아지고 있다. GAFA가 활동하기 어려운 상황이 신흥 세력에게는 순풍이기 때문이다.

차세대 혁신 기업 전성시대

AI나 소프트웨어를 활용한 기술 혁신은 커뮤니케이션, 모빌리티, 금융, 로봇, 헬스케어, 푸드, 엔터테인먼트 등 다양한 분야에서 동시다발적으로 일어나고 있다. 이들이 보유한 기술은 기존의 비즈니스, 생활, 인프라 등을 극적으로 변화시킬지도 모른다.

하늘을 나는 자동차, 우주 개발, 양자컴퓨터, 모빌리티 공유, 빅데이터 분석, 사무직의 업무를 대체할 소프트웨어 로봇, 암 치료……. 전 세계적으로 혁신 기술을 창출하는 독특한 신생 기업들이 속속 등장하고 있다. 기업의 가치도 이미 수십억 달러에서 수백억 달러 규모에 이르는 곳도 있다.

전성기를 맞이한 곳은 미국의 실리콘밸리뿐만이 아니다. 중국,

인도, 이스라엘, 영국, 독일, 싱가포르, 일본 등 세계 각지로 확산하고 있다.

앞으로 어떤 기업이 더 많은 주목을 받고 10년 후에 GAFA를 대체할 존재가 될 것인가. 혁신 기술로 GAFA 이후의 세계를 꿈꾸는 그들. 그러한 '세계를 바꿀 기업 100'을 소개한다.

— 2019년 6월, 닛케이 비즈니스 편집부

차례

CHAPTER 3 생활을 혁신하다

CHAPTER 4 인터넷과 실생활의 융합

CHAPTER 5 비즈니스 커뮤니케이션

CHAPTER 6 엔터테인먼트·숙박 서비스

CHAPTER 7 핀테크

CHAPTER 8 로봇 · 사물인터넷

CHAPTER 9 라이드 셰어링

CHAPTER 10 모빌리티

CHAPTER 11 물류

CHAPTER 12 헬스케어

CHAPTER 13 유통·음식 배달·식품

CHAPTER 14 컴퓨터·인공지능

CHAPTER 15 우주 개발

CHAPTER 16 데이터 분석·에너지·소재

〔일러두기〕

• 이 책은 닛케이 비즈니스에서 오랜 기간 전 세계의 기업을 취재한 내용을 바탕으로 집필하였습니다. 2019년 6월에 출간된 원서를 번역하였으므로, 한국어판 출간 시점에서 일부 내용은 다를 수 있으므로 참고해 주시기 바랍니다.

• 독자들의 이해를 돕기 위해, 원화 환산 환율은 아래의 기준을 적용했습니다.
1달러(USD)=1,200원, 1유로(EUR)=1,300원, 1파운드(GBP)=1,550원, 100엔(JPY)=1,000원

CHAPTER 1

차세대 영역은 바로 이곳이다

001 Be Forward

001

중고차 수출
일본

비포워드 Be Forward

신흥국의 '아마존'을 꿈꾸는 전자상거래

손안의 온도계는 영하 20도를 가리키고 있었다. 2018년 12월 중순, 몽골의 수도 울란바토르 인근의 화물 터미널. 토해 낸 숨이 그대로 얼어붙을 것만 같은 극한의 계절이지만, 현지인들은 태연한 얼굴로 묵묵히 컨테이너 화물 하역 작업을 하고 있다.

가나가와현 가와사키항에서 바닷길로 중국 텐진에 도착한 후 철도로 옮겨 이동한 총 20일간의 여정. 약 3,500km에 달하는 긴 여행을 마친 컨테이너에서 내리는 것은 일본의 중고차였다. 단지 이것뿐이라면 중고차 수입 현장의 흔한 광경이지만, 인부들이 자동차의 트렁크를 열자 골판지 상자가 모습을 드러냈다. 상자 표면에는 생활용품 제조사인 가오花王의 종이 기저귀 '메리즈'의 로고가 인쇄되어 있었다. 이전 주인이 깜박한 물건일까? 아니, 그렇지 않다.

해외 소비자 전용 중고차 판매 사이트를 운영하는 비포워드Be Forward(도쿄, 조후)가 실은 짐이다. 이 회사는 '수출하는 차량의 공간을 효율적으로 활용한다'라는 비장의 무기로 국경을 초월한 EC(전자상거래) 분야에서 세계적인 대기업으로 변모를 꿈꾸는 일본 기업이다.

진지한 얼굴로 "신흥국의 아마존닷컴이 될 것이다"라고 말하는 야마카와 히로노리 사장. 지나친 호언장담처럼 들릴지도 모르겠으나 가만히 떠올려 보자. 구글, 아마존, 페이스북, 애플. 각 회사의 머리글자를 따서 'GAFA'라고 불리는 미국의 거대 IT(정보기술) 기업의 성장을 불과 십몇 년 전에 얼마만큼의 사람이 제대로 예측했을까.

후발 신흥국에 강한 존재감

비포워드의 강점은 아프리카나 카리브해 인근의 여러 국가와 같은 신흥국 중에서도 비교적 후발 주자로 여겨지는 곳에서 드러난다. 2004년에 설립했고 2018년 6월기(2017년 7월~2018년 6월) 매출액은 570억 엔(5700억 원)이다. 아마존보다 규모는 작지만, 후발 신흥국에서는 아마존을 압도하는 물류망을 가지고 있다.

그들의 네트워크는 컨테이너선이 입출항할 수 있는 항만 부근에 한정되지 않는다. 클릭 한 번으로 어느 곳이든 좋은 품질의 일본 자동차를 배송해 준다. 이러한 서비스를 실현하기 위해 현지의 파트너사를 적극적으로 개척하고 있다. 몽골과 같은 내륙 국가는 철도로 옮겨 실어 이동하고, 도로 사정이 나빠 차량 운반차를 운행하기 힘든 아프리카는 대열 주행할 운전자를 섭외한다. 전 세계 45곳에 제휴를 맺은 파트너사가 있고 153개국에서 판매 실적을 올리고 있다.

　이렇게 많은 현지 파트너와 연계할 수 있었던 이유는 비포워드가 '돈벌이가 되는 제휴처'이기 때문이다. 2017년에 수출한 중고차

세계 153개국에 화물을 운송한다. 몽골의 수도 울란바토르 화물 터미널의 컨테이너에서 내리는 일본의 중고차(오른쪽 사진).

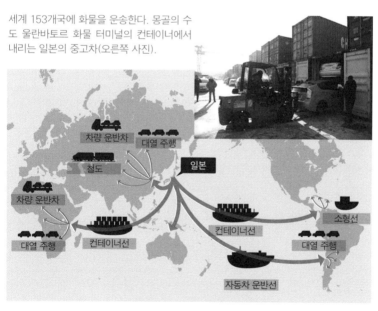

〔비포워드가 구축한 물류망 이미지〕

는 15만 436대. 몽골만 해도 월 1,500대, 탄자니아도 월 1,000대에 달하는 엄청난 물량이다. 현지 파트너사는 비포워드에서 수주하는 업무로 회사를 운영하는 경우가 대부분이다. 요즘은 현지 기업에서 먼저 제휴하고 싶다는 의뢰가 온다. 아프리카인이 도쿄 조후시의 본사로 사전 약속도 없이 제휴 교섭을 하러 찾아오는 일도 자주 있다.

공기를 운반하던 장소에 짐을 싣는다

여기까지의 과정이 순탄한 것만은 아니었다. 설립 당시에는 지명도가 전혀 없었다. 2007년에 수출한 자동차 대수는 670대에 불과했다. 하지만 스마트폰의 폭발적인 보급으로 사업은 순풍에 돛을 달게 되었다. 비포워드는 수출 차량에 자사 로고를 넣은 스티커를 붙이고, 고객에게 회사 오리지널 티셔츠를 만들어 선물했다. 그렇게 입소문을 확산하며 브랜드의 인지도를 높였다.

이와 동시에 서비스의 질도 지속해서 높였다. 현지로부터 받은 문의에 즉각 회신할 수 있도록 본사에는 60명 이상의 외국인이 상주하며 근무한다. 이처럼 세계 35개 언어로 대응할 수 있는 체계를 갖추었다.

"자동차와 함께 생활용품도 보내줄 수 있나요?"

이런 문의가 눈에 띄기 시작한 것은 2015년 무렵이다. 좌석 위나 트렁크 내부 등 자동차에는 비어있는 곳이 많다. "짐이 늘어난다고 해도 지금까지는 공기를 운반하던 장소에 그냥 얹혀 실을 뿐, 뱃삯

은 거의 공짜로 운반할 수 있다."(야마카와 사장)

예를 들어 아프리카 우간다의 고객이 주문한 24인치 액정 디스플레이를 일본에서 보낸다고 하자. 미국 UPS나 페덱스와 같은 국제 물류 대기업의 배송료는 항공편으로 365~712달러다. 한편 수출 차량의 틈새에 실어 운반하는 비포워드의 운송료는 배편으로 20달러다.

자동차는 물론 전기제품에서 생활용품에 이르기까지……. 자국의 산업이 발달하지 않은 신흥국에서 윤택한 생활을 누리려면 수입 상품에 의존할 수밖에 없는 실정이다. 몽골에서도 '메리즈'와 같은 일본의 고품질 종이 기저귀는 선망의 대상이다. 하지만 일반 루트를 통해 수입하면 제품 가격에 비싼 운송료가 더해진다. 좋은 상품을 싸게 살 수 있도록 지원하는 비포워드의 물류 체계는 현지의 생활 수준 향상으로도 이어진다.

물론 배편보다 항공편을 선택하고 싶은 고객도 있을 것이다. 그래서 비포워드는 UPS나 페덱스와 같은 물류회사의 운임을 일람으로 표시하는 시스템을 제공한다. 국제 물류의 대기업이라 해도 신흥국을 위한 데이터 축적은 그다지 풍부하지 않다. 기본 운임은 정해져 있어도 그때그때의 수급에 따라 크게 변동하거나 세관 절차 등에서 예상외의 비용이 발생하기도 한다.

비포워드는 고객을 위해 중고차 물류로 축적한 데이터를 활용하여 인터넷 사이트에 예상 요금을 게시한다. 만약 실제로 발생한 운송비가 게시한 요금을 초과하면 책임을 지고 손실분을 보전한다.

멀리 떨어진 국가에서 산 물건이라도 신흥국의 소비자가 안심하고 배송받을 수 있는 환경을 갖춘 것이다.

지금까지는 대부분 핸들이 오른쪽에 있는 일본의 중고차 수출이 중심이었지만, 핸들이 왼쪽에 있는 자동차 거래를 위해 한국과 네덜란드의 중고차 업계로 시장을 확대했다. 2019년 3월부터는 미국 지사에서 다른 국가로의 수출도 확대했다. '일본에서 세계로'라는 물류의 흐름에 '세계에서 세계로'라는 큰 흐름이 더해진 것이다.

야마카와 사장은 "방대한 상품 종류를 자랑하는 아마존도 작은 서점으로 시작했다. 우리도 옛날에는 자동차 판매점이었다는 소리를 들을 만한 존재가 되고 싶다"라고 말한다.

지난 10년 동안 전 세계 수많은 산업계의 질서를 바꿔 온 GAFA. 선두주자는 '세계의 모든 정보를 찾아낸다'라는 목표를 내걸고 인터넷 시대에 온갖 비즈니스의 입구가 되는 검색 엔진을 극대화한 구글이다. 그렇다면 10년 후, GAFA의 다음 주자는 어떤 기업이 될까. 미래를 정확히 전망하기는 어렵지만 이미 몇 가지 조건은 수면 위로 드러나 있다.

차세대 GAFA의 조건

가장 중요한 점은 GAFA를 비롯해 기존의 거대한 IT 기업들이 아직 진출하지 않은 새로운 영역을 개척하는 일이다. 선행 주자가 압도적인 지위를 차지하고 있는 영역에 경영 자원이 적은 도전자가

정면으로 승부수를 던지는 것은 그다지 적절한 전략이 아니다.

디지털 기술이나 IT 활용은 앞으로도 도저히 피해갈 길이 없다. 단순한 인터넷 서비스만 제공해서는 거대한 자본을 가진 공룡 기업에 금방 따라잡히고 만다. 따라서 빠른 속도로 추격당하지 않도록 현장에서 자신만의 강점을 갈고닦아야 한다. 비포워드가 주목받는 이유도 신흥국이라는 영역에서 독자적인 물류 시스템과 인터넷 판매를 조합한 새로운 서비스를 제공하기 때문이다.

일본의 경제 잡지 《닛케이 비즈니스》에서는 세계를 바꿀 가능성이 큰 세계 각지의 벤처기업을 취재해 왔다. CHAPTER 1~4까지는 이 책에서 소개하는 혁신 기업 100개사 중 대표적인 사례를 정리했다. 기존의 비즈니스 모델을 파괴하거나 우리 생활을 급격하게 변화시킬 독특한 기업 20곳을 먼저 소개하고자 한다.

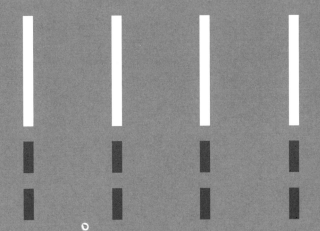

CHAPTER 2

비즈니스의 상식을 파괴하다

위워크 ^{WeWork}

002

사무실 공유
미국
기업 가치: 450억 달러(54조 원)[*]

사무실을 효율적으로 바꾸는 플랫폼

정보 검색이나 SNS(소셜네트워크서비스), 인터넷 상품 판매와 같은 B2C(기업과 소비자 간의 전자상거래) 서비스의 승자는 이미 확정되었다. GAFA, 이 네 기업은 각자 자신 있는 분야에서 압도적인 기반을 구축해가며 서로의 영역을 조금씩 침범한다.

반면 B2B(기업 간의 전자상거래) 분야의 IT 서비스로 눈을 돌리면 아직 손때가 묻지 않은 여백이 남아있다. 마이크로소프트의 존재는 여전히 강대하지만 스타트업이 비집고 들어갈 틈이 있는 것도 사실이다.

그중에서도 사업을 시작한 사람들의 높은 관심을 받는 곳이 사무실이다. 검색이나 SNS 환경의 진화로 사무직이 일하는 방식은 크게 변했지만, 물리적인 사무실 환경은 거의 변하지 않았다. 그것을 '디지털'과 '인간미' 양면에서 바꾸려고 시도하는 기업이 미국의 위워크^{WeWork}다.

지금은 3년 후의 비즈니스 환경조차 예측하기 어려운 시대다. 따라서 10년이나 20년처럼 장기적인 관점에서 사무실을 고정적으로 임대하는 것은 비용 측면에서 위험성이 매우 높다. 그런데 위워크라면 환경에 따라 유연하게 사무실을 증감할 수 있다. 미국의 아마존 웹서비스(AWS)가 혁명을 일으켰던 클라우드 사업과 같은 맥락

위워크의 사무실. 일하는 사람의 커뮤니케이션을 활발하게 유도하거나 일에 집중하기 쉬운 환경을 조성한다.
(사진=WeWork 제공)

이다.

2018년 9월 말 기준, 위워크의 사무실에서 일하는 사람은 전 세계 24개국의 약 32만 명에 이른다. 1년 사이에 두 배로 증가했다. 이전에는 스타트업이나 개인 사업자가 주요 고객이었지만, 최근에는 미국의 IBM과 같은 대기업들도 이용하기 시작했다. 전체 사원의 수가 1,000명 이상인 대기업 소속의 이용자는 2년 전 7,000명 수준이었으나 현재는 8만 5,000명에 달한다.

유연하게 공간을 늘리거나 줄일 수 있다

위워크의 인기가 높은 이유는 단지 유연하게 사무실 공간을 증감할 수 있어서가 아니다. 진정한 강점은 사원끼리 혹은 다른 회사의 사원과 '커뮤니티'를 쉽게 구축할 수 있기 때문이다. 현장에서 일하는 사람들의 긴밀한 소통을 통해 생산성을 높이고, 혁신 기술이 탄생하기 쉬운 환경을 조성하려고 노력한다.

위워크의 사무실에 상주하는 커뮤니티 매니저의 역할은 전구 교환과 같은 보수 작업에 한정되지 않는다. 아침 식사 모임이나 독서회, 요가 수업 등 이용자들을 이어주는 이벤트 기획이 주요 업무다. 미국 뉴욕 사무실의 커뮤니티 매니저인 테스 넬슨은 매주 5~10개의 행사를 준비한다고 말했다.

최신 시설을 갖춘 사무실에는 바리스타가 상주하는 곳도 있다. 마치 편안한 소파와 테이블을 갖춘 카페처럼 보인다. 패밀리 레스토랑 같은 넓은 공간이나 유리벽으로 구분한 작업 공간도 있다. 집중해서 일하고 싶을 때는 조용한 장소에서, 누군가와 이야기하고 싶다면 오픈 공간에서. 이처럼 기분에 따라 장소를 옮겨가며 일할 수 있다.

전문가가 이용률을 분석하여 환경을 개선한다

최신 기술도 적극적으로 활용하고 있다. 예를 들면 소파나 의자에 센서를 달아 이용률을 실시간으로 측정한다. 회의실의 이용 상황 등 다양한 정보를 전문가가 세밀하게 분석하여 회의실의 넓이나 수를 날마다 조정하고 있다.

일하는 장소에서 매일 가고 싶은 장소로. 위워크는 이러한 노하우를 체계화하고 있다. 자기 건물을 가진 기업이 효율적으로 사무실을 활용하도록 개선 방향을 설정하는 컨설팅 사업도 시작했다.

2019년 상반기, 위워크의 기업 가치는 450억 달러*(54조 원)라는 경이적인 평가를 받고 있다. 기존의 '사무실 대여 사업'과 무엇이 다르냐며 성장성을 의문시하는 사람도 있지만, 위워크의 CGO(최고성장책임자)인 데이비드 파노는 "불안은 제로"라며 자신감을 드러냈다.

모든 무게 중심이 소유에서 이용으로 옮겨가는 가운데 사무실도 클라우드 서비스처럼 자유롭게 계약하는 종량제로 변모하는 현상은 너무도 당연하다. 위워크는 30만 명의 사용자가 사무실을 일괄 계약해서 저렴하게 사용하고, 여러 명이 같은 공간 사용료를 내며 상대적으로 높은 수익을 내는 합리적인 비즈니스 모델이다. 세계의 사무실 시장은 방대하지만, 대부분 물리적인 장소를 빌려줄 뿐이다. 위워크처럼 커뮤니케이션을 중심으로 가치를 높이면 낡은 빌딩도 기술 혁신의 거점으로 변모할 수 있다.

* 2019년 말, 위워크의 기업 가치는 수익성 등에 대한 회의감이 일며 80억 달러로 떨어졌다. - 편집자주

인비전 ^{InVision}

003

애플리케이션 제작 도구
미국
기업 가치: 19억 달러(2조 2800억 원)

스마트폰 애플리케이션 개발을 지원하는 숨은 조력자

사무실이라는 장소를 중심으로 한 커뮤니케이션에 주력하는 위워크. 그에 반해 미국의 인비전^{InVision}은 비효율적인 이메일을 대체하는 일에 도전하고 있다.

인비전의 주력 제품은 애플리케이션이나 웹사이트 등의 프로토타입(시제품) 작성을 효율화하는 도구다. 개발자가 수정할 곳 등을 발견했을 때, 브라우저 화면의 원하는 장소에 자신의 의견을 입력하면 곧바로 논의를 시작할 수 있다. 이용자는 전 세계 450만 명에 달하고, 이미 '포춘^{Fortune} 100대 기업'의 80%가 도입한 상태다.

인비전의 설립 배경은 20세기에 탄생한 이메일이 복잡해진 현대 사회의 커뮤니케이션에 신속하게 대응할 수 없기 때문이다. 애플리케이션 개발에는 서비스 기획자, 엔지니어, 디자이너와 같은 수많은 사람이 관여한다. 새로운 서비스의 투입 사이클도 짧아져 현장에서 메일을 교환하며 업무를 진행하는 것은 매우 비효율적이다. 이것이 바로 인비전과 같은 새로운 커뮤니케이션 수단이 필요해진 이유다.

인비전을 사용하면 다양한 직종의 관계자가 제작 중인 자료나 참고 의견을 실시간으로 공유하여 애플리케이션을 더욱 효율적으로 작성할 수 있다. 예를 들어 인비전에서는 수정하고 싶은 디자인

인비전의 조작 화면. 인비전은 전 세계에 흩어져서 일하는 직원들의 완벽한 원격 근무 체계를 실현했다. 직원들은 인비전의 도구를 활용해 날마다 시스템을 개선한다.
(사진=나가카와 도모코)

화면의 해당 부분을 클릭하기만 하면 직접 의견을 입력할 수 있다. 예전에는 이런 지시를 내리는 것도 무척 번거로운 일이었다. "메인 화면의 커다란 그림 위에 있는 큰 제목 밑의 소제목 글자 간격을 넓혀 주세요"처럼 일일이 문장으로 설명해야 했기 때문이다.

그뿐 아니라 스마트폰 화면에서는 실제로 어떻게 구현되는지 URL을 보내기만 하면 바로 확인할 수 있다. PC 화면에서 판단하기 어려운 스마트폰에 최적화된 디자인은 무엇인지 점검할 때 도움이 된다고 한다. 음성채팅 기능도 갖추고 있어 관계자끼리 대화하면서 디자인을 논의하는 일도 가능하다.

디자인 확인 시간을 큰 폭으로 줄이다

인비전의 인기가 높은 이유는 애플리케이션의 디자인이 좋은지 나쁜지 확인하고 수정하는 데 걸리는 시간을 예전보다 큰 폭으로 단축했기 때문이다. 스마트폰 보급과 함께 급증하는 애플리케이션 개발을 지원하는 숨은 조력자로서 인비전의 존재감은 더욱 높아지고 있다.

물론 GAFA도 커뮤니케이션 도구를 중심으로 B2B 시장 침공을 노리고 있다. 거인들의 공세를 물리치기만 하면 인비전과 같은 스타트업이 '10년 후의 GAFA'가 되어도 놀랍지 않다.

슬랙 테크놀로지스
Slack Technologies

004

비즈니스 채팅
미국
기업 가치: 170억 달러(20조 4000억 원)

800만 명 이상이 사용하는 비즈니스 채팅

비즈니스용 채팅 도구인 슬랙^{Slack}이 돌풍을 일으키고 있다. 애플리케이션에 문자 등을 입력하면 팀 전원이 정보를 공유할 수 있다. 일대 일은 물론 그룹 대화를 통해 누구와도 채팅이 가능할 뿐 아니라 PC나 스마트폰 등 이용 단말기도 가리지 않는다.

슬랙은 일할 때 필요한 정보를 신속하게 공유하거나 쉽게 의견을 교환할 수 있어 큰 인기를 얻고 있다. 순식간에 이용자 수가 늘어나 2014년 서비스를 개시한 이후 4년 만에 전 세계에서 800만 명을 넘어섰다. 이메일과 달리 수신자의 주소를 일일이 입력할 필요가 없고, 중요한 메시지를 읽지 않은 채 쌓아두기도 어렵다. 여러 번 답변을 주고받아도 'Re:Re:'처럼 의미가 불분명한 제목에 시달릴 일도 없다.

전 세계로 보급된 슬랙. 프로그램을 개발한 슬랙 테크놀로지스의 기업 가치는 170억 달러(20조 4000억 원)에 이른다.

2009년에 회사를 설립한 스튜어트 버터필드 CEO는 "급속도로 변화하는 시장과 소비자의 수요에 대응하려면, 기업이나 조직의 민첩성(Agility)을 높여 지속해서 변화시킬 필요가 있다"라고 강조한다.

"AI를 활용해 앞으로도 채팅의 편리성을 높여 나갈 것이다."(스튜어트 버터필드 CEO)
(사진=이나가키 준야)

아이언맨의 강철 슈트 같은 것

일반 이메일은 답신을 주고받는 데에 시간이 걸려 신속한 업무 처리에는 적합하지 않다. 스튜어트 버터필드는 "영화 아이언맨의 주인공이 강철 슈트로 무장하듯이 지식 노동자는 생산성을 높이는 도구로 무장하여 조직의 실행력을 향상할 필요가 있다. 그러한 요구에 부응하는 도구가 슬랙이다"라고 말한다.

세계의 기업은 ERP(전사적 자원관리)에 연간 36조 원을 투자하고, CRM(고객관계관리) 시장도 30조 원으로 성장했다. 슬랙과 같은 커뮤니케이션 도구의 시장 규모는 현재 높이 평가해도 1조 2000억 원 정도지만, 12조 원 규모로 성장해도 이상할 것이 없다고 판단한다.

슬랙이 큰 주목을 받는 가운데, 소프트웨어 업체의 거인인 미국의 마이크로소프트는 경쟁 제품인 '팀즈Teams'를 도입했다. 팀즈는 마이크로소프트의 '오피스 365'에서 이용할 수 있는 채팅 도구다.

그래도 버터필드는 낙관적이다. "마이크로소프트의 움직임은 위협이 아니라 순풍이다. 슬랙이 노리는 시장이 유망하다는 보증 수표를 얻었기 때문이다. 우리 회사는 미국의 IBM이나 오라클, 독일의 SAP 등 대기업에서 신흥 기업에 이르기까지 많은 IT 기업과 제휴하고 있다."

기업 내의 정보 교환은 앞으로도 '문자 자료'의 형태가 지속될 것이다. 슬랙은 AI나 기계학습을 구사하여 과거의 정보 교환을 더욱더 간단하게 공유할 수 있는 기술 개발에 힘쓰고 있다. 우선순위가 높은 메시지를 추출하거나 요약하는 일도 가능해질 것이다.

"10년 후에 구글처럼 될 것인가?" 하는 질문에 스튜어트 버터필드는 이렇게 대답했다. "서로의 기술 분야가 다르므로 구글을 대신할 일은 없을 것이다. 그러나 구글만큼 성공할 수 있느냐는 질문이라면 대답은 예스다."

트랜스퍼와이즈 ^{TransferWise}

005

해외 송금
영국
기업 가치: 30억 파운드(4조 6500억 원)

700조 원에 달하는 해외 송금 시장을 침공하다

연간 700조 원에 달하는 해외 송금 시장을 뿌리째 뒤집으려는 인물이 영국 런던에 있다. 에스토니아 출신으로 무료통화 소프트웨어의 선구자인 '스카이프^{Skype}'를 개발한 타베트 힌리쿠스와 크리스토 카르만, 이 두 사람의 이야기다. 이들은 2011년 영국에서 해외 송금에 특화된 트랜스퍼와이즈^{TransferWise}를 창업했다.

스카이프가 국제전화 가격 파괴를 일으키며 통신회사의 비즈니스 모델이 무너졌다. IT 기술은 때로 기존의 사업 이익 구조를 뿌리째 뒤흔든다. 트랜스퍼와이즈는 금융업계에도 이러한 충격을 일으

트랜스퍼와이즈의 창업자이자 CEO인 크리스토 카르만. 그는 에스토니아에서 만든 스카이프를 벤치마킹했다고 말한다.
(사진=나가카와 도모코)

키고 있다.

고향으로 송금하다가 사업 아이디어를 얻다

이들의 창업 계기는 고향으로 송금할 때 들어가는 비싼 수수료가 아깝다는 생각에서 출발했다. 여러 은행을 거쳐 자금이 이동하기 때문에 시간이 걸리고 불투명한 비용도 추가된다. 예를 들면 일본 은행에서 해외로 송금할 경우 보통 1회당 수천 엔의 수수료가 든다. 두 명의 에스토니아인은 바로 그곳에서 사업의 기회를 찾았다.

일본에서 영국으로, 영국에서 일본으로 따로따로 송금하고 싶은 이용자가 있다고 하자. 트랜스퍼와이즈는 두 가지 수요를 독자적으로 개발한 시스템과 결합하여, 실제 돈의 흐름은 '일본에서 일본', '영국에서 영국'처럼 국내 송금으로 전환했다. 그러면 대형 은행보다 해외 송금 수수료를 최대 8분의 1 수준으로 낮출 수 있다.

이것이 좋은 평판을 얻어 지금은 세계 71개국의 400만 명이 넘는 이용자가 이 서비스를 이용하고 있으며, 송금액은 매달 30억 파운드(4조 6500억 원)로 확대되었다. 불과 7년 사이에 세계 11개 거점에 1,400명의 직원이 근무하는 대규모 기업으로 성장했다. 현재 트랜스퍼와이즈의 기업 가치도 30억 파운드에 달한다.

크리스토 카르만 CEO는 성장 기어를 한 단계 더 올렸다. 2018년 기존에 개설한 은행 계좌에서 송금용 자금을 인출하는 것이 아니라 트랜스퍼와이즈에서 직접 계좌를 제공하는 서비스를 시작했다. 은행 계좌를 개설하기까지 시간이 오래 걸리는 이민자나 유학생 등의 이용이 훨씬 편리해졌다. 이러한 서비스는 "해외 송금 시장의 플랫폼이 될 것이다"라고 말한 카르만의 야망을 실현하는 데에 큰 도움이 될 것이다.

애플리케이션을 정식 은행으로 인정하다

트랜스퍼와이즈는 과학 기술로 업계의 질서를 파괴하는 신흥 세력의 상징일 뿐이다. 영국 정부는 세계 금융의 중심이라는 지위를 지키기 위해 IT를 활용하여 금융을 변화시키는 핀테크 분야를 강력하게 지원한다. 실적이 거의 없는 모바일 전문 벤처기업에 은행 등록 면허를 부여하는 일도 마다하지 않았다.

영국의 몬조Monzo가 대표적인 사례다. 몬조는 점포 없이 스마트폰의 애플리케이션만으로 영업하지만, 2017년 영국의 금융감독 당국으로부터 정식 면허를 취득한 어엿한 은행이다. 이미 130만 명 이상의 이용자가 있으며 기업 가치는 13억 달러(1조 5600억 원)에 달한다.

전 세계의 디지털화에 발맞추어 새로운 서비스를 창출하고 규제조차 바꿔 나가는 최첨단의 존재가 바로 가상통화다. 비트코인의 유통 시스템을 지탱하는 전용 장치로 세계 시장에서 70%의 점유율을 차지하는 중국의 비트메인Bitmain(세계 최대 암호화폐 채굴 장비 제조사)을 비롯해 크고 작은 거래소에 돈이 몰리는 이유는 투자자들이 가상화폐의 성장성을 기대하기 때문일 것이다. 2018년 가상화폐의 거품이 꺼지면서 비트코인의 가격도 폭락했으나 점차 회복세를 보인다.

스마트폰을 활용한 QR코드 결제는 중국 앤트파이낸셜의 '알리페이'나 텐센트의 '위챗페이'가 앞서나가고 있다. 현금주의 색채가 강한 일본에서도 라인이나 오리가미 등이 전자 결제 서비스 보급에 주력하고 있다.

모든 것이 디지털화되며 화폐의 유동성은 비약적으로 높아진다. 이러한 조류를 잘 포착한 기업이 10년 후의 승자가 될 것이 분명하다. 트랜스퍼와이즈와 같은 신흥 세력은 전 세계에서 잇따라 탄생해 점차 관련 업계의 상식을 파괴해 나가고 있다.

006

로봇 제어 소프트웨어
일본

무진 MUJIN

산업용 로봇 세계의 '윈도즈' 자리를 노리다

전 세계의 제조나 물류 현장에 폭넓게 침투한 산업용 로봇. 일찍이 일본의 대표 산업 분야로 알려진 영역이었으나 AI의 진화로 로봇 산업의 경쟁 원리가 급변하고 있다.

로봇 팔과 같은 하드웨어 분야는 성숙 단계로 접어들어 제조사 간의 성능 차이는 크게 줄어들었다. 반면 하드웨어를 조종하는 소프트웨어는 급속도로 진보하는 중이다. 화상해석 기술 등을 적용해 로봇의 생산성이 비약적으로 높아지고 있다.

"미래에는 소프트웨어를 지배하는 자가 로봇 산업을 지배한다."

2011년 로봇 제어 소프트웨어 개발사인 무진^{MUJIN}(도쿄, 스미다)을 설립한 다키노 잇세이 CEO 겸 공동 창업자는 이렇게 단언했다. 무진은 독자적으로 개발한 고속연산 처리기술을 사용해 산업용 로봇 각사의 로봇 팔을 제어할 수 있다. 다키노 CEO는 "세상에서 그 누구도 하지 못한 물류센터의 화물선별 작업 무인화를 가능하게 했다"라고 자랑스레 말했다.

산업용 로봇을 사용하기 위해서는 미리 인간이 로봇에게 동작 하나하나를 정확하게 지시하는 '티칭' 작업이 필요하다. 그로 인해 많을 때는 수만 종류의 상품이 무작위로 쏟아지는 물류센터에서 로봇을 사용하는 일은 사실상 불가능하다고 여겨져 왔다.

무진의 기술을 적용하면 다종다양한 형태의 상품이 무작위로 흘러들어오는 물류센터의 선별 작업이 가능해진다. 사진은 다키노 잇세이 CEO.
(사진=오제키 유지)

그러나 무진이 개발한 소프트웨어 제어 프로그램을 사용하면 그러한 티칭 작업이 필요 없다. 카메라로 인식한 물체를 로봇이 어떻게 잡아야 할지 AI가 순식간에 판단해 그대로 로봇 팔을 움직이기 때문이다.

중국의 인터넷 통신판매 대기업에서도 도입하다

2018년 봄, 중국의 인터넷 쇼핑몰 2위인 징둥그룹^{京東集団}(JD닷컴)이 설립해 많은 화제를 불러일으킨 무인 물류창고는 무진의 기술 없이는 실현하지 못했을 것이다.

일본에서는 2016년 대형 통신판매 회사인 아스쿨^{ASKUL}과 2018년 생활용품 도매업체인 팔탁^{PALTAC}의 물류 거점에 무진의 기술을 적용했다. 팔탁의 물류 거점에서는 화낙^{FANUC}(일본의 대표적인 산업용 로봇 제작업체)의 로봇이 무진의 소프트웨어로 움직인다. 사업의 독립성이 강하고 제어 프로그램 개발에도 많은 힘을 쏟던 화낙도 결국 무진과의 기술 제휴를 받아들였다. 이미 야스카와전기나 덴소 등은 일제히 무진의 소프트웨어로 대응 체계를 바꾸었다. 다키노 CEO는 "점유율로 보면 전 세계 시장의 70%에 달하는 기업체를 담당하고 있다"라고 말한다.

그의 목표는 무진의 소프트웨어를 산업용 로봇의 윈도즈 (Windows)로 만드는 것이다. PC를 제조하던 일본의 대형 전기업체 대부분은 상품 범용화의 물결에 저항하지 못하고 사업을 접을 수밖에 없었다. 하지만 OS로 세계를 지배하는 미국의 마이크로소프트는 지금도 여전히 업계의 제왕으로 군림한다. 로봇 세계에서도 OS의 패권을 잡는 자가 시장을 제압하는 최후의 승자가 될 것으로 전망한다.

오사로 ^{OSARO}

로봇 제어 소프트웨어
미국

닭튀김까지 잡을 수 있는 지성파 로봇

무진의 강적으로 주목받는 기업 역시 산업용 로봇의 제어 프로그램을 개발하는 미국의 오사로^{OSARO}다. 오사로의 강점은 '심층강화학습'이라는 AI의 알고리즘 활용에 있다.

심층강화학습은 AI가 스스로 반복해서 연습하며 단시간에 비약적으로 기량을 높일 수 있다. 이것은 영국의 딥마인드^{DeepMind}가 개발한 세계 최강의 바둑 AI '알파고 제로'에도 사용된 기술이다.

오사로의 제어 프로그램을 사용하면 쟁반에 수북이 쌓인 서로 다른 형태의 닭튀김을 하나씩 집어, 컨베이어 벨트를 따라 움직이

오사로의 제어 프로그램을 사용하면 하나하나 형태가 다른 닭튀김도 잡을 수 있다.
왼쪽은 데릭 프리드모어 CEO.
(사진=Tex Allen)

는 도시락 상자의 지정된 위치에 담아내는 곡예가 가능해진다. 인간이라면 아주 간단한 일이지만 로봇에게는 꽤 어려운 일이다.

기계 스스로 잡는 방법을 찾아내다

일반적으로 산업용 로봇은 대상의 형태와 관련한 데이터를 사전에 입력하고 카메라의 시각 정보와 대조해 가며 대상 물체를 잡는다. 하지만 오사로는 기계 스스로 몇 번이고 연습하면서 형태의 특징을 이해하고 잡는 방법을 터득한다.

대상 물체가 단단한지 부드러운지도 경험으로 판단한다. 시행착오를 반복하며 굳기나 형태에 알맞은 적절한 힘의 세기를 스스로 조절하게 된다. "처음에는 실패하더라도 점점 제대로 작동하도록 진화한다."(데릭 프리드모어 CEO) 이미 물류센터에 도입되어 2019년부터 가동할 예정이다.

로봇을 자유자재로 움직이는 '두뇌'를 둘러싸고 불꽃 튀는 경쟁을 벌이는 무진과 오사로. 기업 평가액이 2000억 엔(2조 원)을 넘어 일본 유일의 유니콘 기업으로 평가받은 프리퍼드 네트웍스^{Preferred Networks}도 화낙과 연계하여 로봇 제어 시장의 진입을 호시탐탐 노리고 있다. 점점 경쟁이 심화하는 가운데 오사로의 기술 가치에 전 세계의 이목이 쏠리고 있다.

008

사비오크 ^{Savioke}

서비스 로봇
미국

건물이나 병원에서 활약하는 로봇 도우미

사람 가까이에서 도우미처럼 일하는 서비스 로봇도 등장했다. 2019년 1월 모리 트러스트는 도쿄도 미나토구의 37층짜리 오피스텔 내에서 상품 배달 서비스를 시작했다. 하지만 사람이 직접 배달하는 것이 아니다. 뜨거운 커피를 실은 원통형 로봇이 1층 카페에서 출발해 자동으로 엘리베이터를 타고 이동해서 음료를 배달한다.

이곳에서 일하는 로봇은 미국 실리콘밸리의 스타트업 사비오크 ^{Savioke}가 개발한 '릴레이(Relay)'다. 점원은 로봇 윗부분의 뚜껑을 열어 상품을 넣고 주문한 사람이 거주하는 입주 층수와 위치를 나타내는 번호를 입력한다. 그러면 릴레이는 스스로 엘리베이터를 타고 지시받은 층으로 이동한다. 도착까지 걸리는 시간은 짧으면 약 5분 정도다. 도착하면 바로 주문한 사람의 스마트폰에 메일로 알림이 간다.

사비오크의 서비스 로봇이 활약하는 곳은 오피스텔 이외에도 점점 확대되고 있다.

그중 하나가 의료 기관이다. 24시간 365일 문을 여는 병원 내에서 의약품과 의료 기구 등을 운반한다. 혼자서 엘리베이터를 타고 이동하여 목적지에 물품을 전달한다. 많은 환자나 의사, 간호사로 붐비는 복도에서도 안전하게 이동할 수 있다고 한다. 어떤 약품을 배달했는지 추적할 수 있으며, 배달 상황이나 이력도 실시간으로 보고한다.

1층 카페에서 상품을 실은 후 자율 주행으로 엘리베이터를 타고 고객의 사무실 입구까지 배달한다.

고급 호텔에서도 적극적으로 도입하고 있다

미국의 고급 호텔 체인 메리어트와 힐튼에서도 사비오크 로봇을 도입했다. 숙박 손님으로부터 룸서비스 등의 주문이 들어오면 로봇이 음식이나 음료는 물론 침구, 치약까지 엘리베이터를 이용해 주문한 방까지 전달한다. 이러한 서비스 로봇은 호텔 운영에 들어가는 인건비 절감으로도 이어진다.

사비오크는 2013년, 스탠퍼드대학 대학원에서 컴퓨터과학 박사 학위를 취득하고 미국의 IBM 연구소 등에서 근무한 경험이 있는 스티브 커즌즈 CEO가 설립했다.

장래성을 보고 일본 기업에도 투자하다

서비스 로봇은 호텔에서 먼저 도입하기 시작했다. 시행착오를 거듭하며 편리성이나 안전성을 개선했다. 점점 높은 평가를 받으며 이제는 사무실이나 의료 기관에서도 도입하고 있다.

사비오크는 일본 시장에도 큰 노력을 기울이고 있는데, 현재 시나가와 프린스호텔 등에서 서비스 로봇을 도입하여 운행하고 있다. 사비오크는 NEC 네츠에스아이나 모리 트러스트에서 투자를 받아 호텔이나 오피스텔 이외에도 의료 기관이나 도소매, 제조업체 등에 로봇을 판매하고 있다. SF 영화에서나 나올 법한 인간과 협동하는 로봇이 당연한 시대가 온 것이다.

CHAPTER 3

생활을 혁신하다

009

이닛 Innit

주방 가전의 요리 플랫폼
미국

스마트 가전으로 일류 셰프의 요리를 재현하다

우리 생활의 구석구석까지 디지털 기술이 침투한 현대, 스마트폰으로 택시를 부르거나 호텔 예약까지 다양한 서비스를 받을 수 있다. 하지만 요리, 특히 주방은 아직 디지털의 힘이 미치지 않은 영역이다. 식칼과 도마는 예전과 달라진 것이 하나도 없고, 레인지나 오븐과 같은 조리 기구도 기본형은 수십 년 전과 똑같다.

미국의 이닛Innit이 그런 주방의 모습을 근본부터 바꾸려고 시도하고 있다. 가정마다 급속히 보급된 '스마트 가전'을 세밀하게 제어해 일류 셰프의 요리를 완벽하게 재현해낸다. 이닛은 미국의 GE어

플라이언스, 네덜란드의 필립스, 한국의 삼성전자와 같은 유명한 가전 회사의 주방용 제품을 스마트폰으로 조작하는 플랫폼을 구축하고 있다. 전 세계에서 적어도 수백만 대의 기기를 원격으로 제어할 수 있다.

예를 들어 태국식 그린 카레를 만든다고 하자. 먼저 스마트폰의 이닛 애플리케이션을 켜고 닭고기, 연어 등의 주재료를 고른다. 다음으로 토핑할 채소를 선택하고, 퀴노아나 쿠스쿠스처럼 카레에 곁들일 밥 종류를 결정한다. 블록을 쌓아 올리듯 자기 취향에 맞는 음식 재료를 고르는 것이다.

그러면 요리 순서나 칼로리, 영양소 등이 구체적으로 나타난다. 'Cook Now' 버튼을 누르면 전문 요리사의 영상이 재생되는데, 그대로 따라 한 후 오븐에 넣으면 나머지는 알아서 요리해 준다. 제공되는 레시피는 모두 1만 개에 달한다.

유지니오 민비엘 회장(사진의 왼쪽)과 케빈 브라운 CEO(오른쪽). 스마트폰을 활용해 전문가의 요리를 만들 수 있다(오른쪽 사진).
(사진=왼쪽: Tex Allen, 오른쪽=Innit 제공)

전문가의 미세한 불 조절을 재현하다

이닛의 뛰어난 점은 레시피와 실제 요리 현장을 연결한 점이다. 닭고기만 해도 기름기가 많은 허벅지살과 퍽퍽한 가슴살의 조리법은 전혀 다르다. 또한, 같은 부위라도 크기에 따라 익히는 시간이 다르다. 그래서 전문 요리사는 음식 재료의 부위나 크기에 따라 세심하게 불의 세기를 조절한다. 사실은 이닛도 이와 같은 방법을 활용하고 있다.

이닛은 유명한 요리사를 초빙하여 여러 회사의 가전제품을 실제로 사용해 보고, 불 조절 등과 같은 기초 자료를 수집했다. 'GE의 오븐으로 250g의 닭가슴살을 구울 때 최적의 온도와 시간'처럼 이용자가 보유한 제품이나 재료의 크기에 따라 맞춤형 레시피를 제공한다. 이것을 기본으로 가정에서 전문가의 요리를 재현해내는 것이다.

"가전제품 회사는 '페라리'를 파는데, 소비자는 이것을 1단으로 주행하는 것 같다. 그만큼 제품의 기능을 제대로 활용하지 못한다." 이닛의 공동 창업자 겸 CEO인 케빈 브라운은 이렇게 말했다.

미국의 타이슨 푸드나 스위스의 네슬레와 같은 대형 식품회사와 제휴하고 있는 점도 이닛의 강점이다. 포장지의 QR코드를 스캔하면 그 상품을 사용한 레시피가 애플리케이션에 나타난다. 전자상거래 기업과도 제휴를 추진하고 있어 2019년부터는 부족한 재료를 이닛의 애플리케이션을 통해 살 수 있다.

이닛의 회원 수는 자매 애플리케이션 'Shopwell(재료가 자신의 취

향에 맞는지 평가하는 서비스)'을 포함하여 약 200만 명에 달한다. 회원 수 이상으로 각 업계의 거인들과 연계하고 있다는 사실도 강점으로 주목받고 있다. 푸드테크에 정통한 시그마크시스^{シグマクシス}의 오카다 아키코 조사전문위원은 '가전제품 회사들이 가장 주목하는 스타트업'이라고 평가했다.

주방 가전은 세계적으로 2500억 달러(300조 원) 규모에 달하는 거대한 시장이다. 재료나 잡화까지 확대하면 8조 달러(9600조 원)에 이른다. 이닛이 주방의 플랫폼으로 둔갑하면 앞으로도 성장 가능성은 매우 크다.

어필 사이언시스 Apeel Sciences

010

산화 방지 천연 코팅제
미국
기업 가치: 1억 5000만 달러(1800억 원)

채소나 과일의 산화를 방지하는 천연 마법

한 가지 더 주목해야 하는 시장은 음식 재료 그 자체다. 구체적으로는 식량 폐기를 줄이려는 활동이나 생산 자체를 개선하기 위한 기술 개발이다. 채소나 과일의 산화를 방지하는 천연 코팅제를 개발하여 생산하는 미국의 어필 사이언시스Apeel Sciences도 그러한 회사의 하나다.

식물이 산화하는 가장 큰 원인은 수확 후에 발생하는 건조 때문이다. 냉장창고에서 꺼내 슈퍼마켓의 선반에 진열하자마자 식물은 혹독한 건조 상태에 놓인다. 그것이 채소나 과일의 산화를 앞당긴다. "수송 중에 3%, 슈퍼에서 12%, 소비자의 집에서 25%가 산화된다"라고 어필 사이언시스의 CEO인 제임스 로저스가 지적했다.

식품 폐기를 반으로 줄이다

그래서 개발한 제품이 와인을 수확한 후에 생긴 포도 찌꺼기로 만든 독자적인 코팅제다. 수확한 채소나 과일에 스프레이로 코팅제를 뿌리면 적어도 두 배는 오래간다. 농산물 내부의 습도를 유지하기 위해 식물에서 추출한 보호막을 뿌려 부패의 원인이 되는 수분 손실과 산화를 지연시키는 구조다. 미국 식품의약국(FDA)의 규제에 따라 만든 제품으로 안전하게 먹을 수 있다고 한다.

Day 54

코팅제를 뿌린 것

코팅제를 뿌리지 않은 것

어필 사이언시스의 CEO 제임스 로저스.
코팅제 유무에 따라 보존력이 전혀 다르다.
(사진=왼쪽: PJ Heller)

전 세계의 식품 폐기 손실을 절반으로 줄이고 싶다

이미 코스트코나 크로거와 같은 미국의 대형 소매업체에서는 과일이나 아보카도에 사용하기 시작했다. 코팅제를 뿌리면 아스파라거스와 같은 채소는 물론 오렌지와 같은 감귤류도 오랜 기간 색이나 풍미 등의 품질을 유지할 수 있다고 한다.

이로 인해 매장의 진열 기간이 길어지며 모든 상품의 매상이 코팅제 도입 전과 비교해서 두 자릿수 성장세를 보인다. 식품의 폐기 손실액은 전 세계에서 연간 9400억 달러(1128조 원)에 달한다. "우리의 기술로 식품 폐기 손실을 절반으로 줄이고 싶다."(제임스 로저스 CEO)

무스카 MUSCA

곤충 기술을 사용한 바이오매스 처리 플랜트
일본

단백질 위기를 애벌레로 극복하다

세계 인구는 2050년에 90억 명을 넘어설 전망이지만 그보다 빠른 2030년 무렵에 단백질 위기가 찾아올 것으로 예상한다. 신흥국의 소득 수준이 높아지면서 고기나 생선의 소비량이 급증하여 사료가 되는 생선가루나 곡물이 부족할 것이라는 우려가 커지고 있다.

이러한 단백질 위기의 구세주가 될지도 모를 기업이 일본의 푸드테크 벤처회사인 무스카MUSCA(후쿠오카시)다.

정확히 말하면 구세주는 '애벌레'다. 낙농가가 배출하는 소나 돼지, 닭 등의 가축분에 무스카가 독자적으로 품종을 개량한 집파리 알을 뿌린다. 8시간이 지나면 알이 부화하고 애벌레(구더기)가 가축분을 먹어 분해하면 6일 후에는 가축분이 퇴비로 바뀐다. 유충은 번데기가 되려고 스스로 퇴비에서 나오기 때문에 모아서 건조시킨다. 그것을 분말로 만들면 생선가루를 대체할 영양가 높은 사료가 된다.

일본에서는 연간 8000만t의 가축분이 발생하여 낙농가는 그 처리에 고심하고 있다. 무스카는 낙농가로부터 유상으로 가축분의 처리를 맡고, 재생산한 사료와 퇴비의 판매 수입도 얻을 수 있다. 구시마 미쓰타카 회장은 '일거양득의 비즈니스 모델'이라고 말한다.

2020년에는 하루에 100t의 가축분을 처리할 수 있는 1호 플랜트를 가동할 예정이다. 건설비는 약 10억 엔(100억 원)으로 보조금을 사용하지 않아도 6~10년이면 투자금을 회수할 수 있다고 한다. 구시마 회장은 "세계 20만 곳에 플랜트를 설치할 수 있다"라고 추정했다.

직집파리 유충(아래)이 가축분을 분해해 비료를 만든다. 유충은 가축이나 양식어의 좋은 사료가 된다.
왼쪽은 구시마 미쓰타카 회장.

구소련이 품종 개량을 거듭한 집파리

무스카의 집파리는 원래 구 소비에트 연방이 우주 스테이션의 식량 자급자족을 목표로 단기간에 번식해서 성장하도록 품종을 개량해 온 것이다. 소련이 붕괴한 후, 국립 연구 기관이 특허 권리를 일본 기업에 매각했고 구시마 회장은 그 사업을 양도받아 지속해서 품종을 개량했다. 그는 이미 기술적으로 성숙 단계에 접어들어 단백질 위기를 극복할 결정적 수단이 될 수 있다고 단언했다.

012

택배 서비스
싱가포르

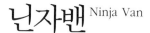

동남아시아의 '라스트 원 마일' 물류의 공룡

녹색 바탕에 검은 고양이 로고가 새겨진 화물 트럭이 일본에서 택배의 대명사가 되었듯이, 동남아시아에서는 빨간 화물 트럭과 검은 복장의 '닌자'가 택배 서비스의 상징이 될지도 모른다.

이것은 싱가포르에 본거지를 둔 '라스트 원 마일(Last one mile, 최종 구매자에게 제품을 배송하기 위한 마지막 1마일이 가장 중요하다는 개념)' 물류의 동남아시아 대기업 닌자밴^{Ninja Van}의 차량 모습이다. 2014년에 설립하여 4년 만에 말레이시아, 인도네시아 등 6개국에서 활발하게 사업을 펼치고 있다. 1만 5,000대 이상의 택배 차량을 운영하고 있으며 월 1000만 개가 넘는 택배를 배송한다. 도시 지역에 한정하지 않고 멀리 떨어진 섬마을 구석구석까지 확실하게 배달하는 것이 닌자밴의 강점이다. 동남아시아의 인터넷 통신판매 최대 기업인 라자다^{LAZADA}도 닌자밴과 제휴를 맺고 상품 배송을 의존하고 있다.

동남아시아에서 라스트 원 마일 배송을 실현하기는 쉽지 않다. 예전에는 각국 정부의 우편 사업자가 물품을 배송했는데 짐이 도중에 행방불명되는 일도 잦았다. 아무리 기다려도 짐이 오지 않는 일도 다반사였다.

왜 제대로 배송이 되지 않는 것일까. 그 이유 중 하나는 허술한 '지도' 때문이다. 각국이 발행한 지도는 정보가 오래되어 경제 성장

닌자밴의 CEO인 라이창웬은 금융 기관 출신이다. 물류 배송의 불편을 해소하기 위해 직접 창업했다.

과 함께 시시각각 변하는 도로 사정을 제때 반영하지 못하고 있다. 구글 맵과 같은 디지털 지도의 사용도 어렵다. 나라마다 주소 표기가 달라 검색 프로그램이 충분히 대응하지 못하기 때문이다.

지도 데이터베이스를 자체적으로 개발하다

닌자밴이 급성장한 이유는 이러한 과제를 경쟁사보다 먼저 극복했기 때문이다.

GPS(Global Positioning System, 위성항법장치) 정보 코드를 모든 짐에 부착하고 화물 트럭의 움직임까지도 스마트폰으로 파악한다. 짐과 차량의 두 가지 정보를 조합하면 각각의 짐이 어떤 경로를 거쳐 목적지에 도달하는지 쉽게 추적할 수 있다.

배송 기사가 현지에서 확인한 도로 상황은 싱가포르 본사의 전문 부서가 철저히 분석하여, 닌자밴이 자체적으로 개발한 주소나 지도의 데이터베이스와 통합한다. 배송하는 화물량이 증가할수록 더욱더 정밀한 지도가 완성되는 구조다.

이러한 시스템을 통해 최적의 배송 루트를 찾으면 지형 감각이 뛰어난 운전자에게 의지할 필요가 없다. 실제로 이 회사의 운전자는 대부분 임시로 고용된 시간제 근무자다. 스마트폰 한 대만 있으면 아마추어가 전문가 못지않게 이동할 수 있으므로 닌자밴은 단기간에 광범위한 라스트 원 마일 운송망을 구축할 수 있었다.

동남아시아에서는 싱가포르의 '그랩'과 인도네시아의 '고젝' 등

100만 대 이상의 차량과 운전자를 보유한 차량 공유 업체가 잇따라 택배 분야에 뛰어들고 있다. 2018년 12월에는 고젝이 대형 소매업체 이온몰과 제휴를 맺었다. 이를 통해 점포 앞에서 대기하던 배달 운전자가 인근 지역의 소비자에게 상품을 배송하는 서비스를 시작했다.

물량을 앞세워 닌자밴의 앞길을 저지하려는 차량 공유 세력. 하지만 라이창웬 공동 창업자 겸 CEO는 경계하는 내색을 보이지 않는다. 경쟁사는 대량의 짐을 운반할 수 있는 구조나 치밀한 배송 시스템이 갖춰지지 않았다고 판단하기 때문이다.

닌자밴은 고객에게 배송 의뢰나 화물 추적과 같은 다양한 서비스를 원스톱으로 이용할 수 있는 도구를 제공한다. "차량 공유를 메뉴 안에 추가할 수도 있다"라며 라이창웬 CEO는 여유로운 웃음을 보였다. 차량 공유 세력을 닌자밴 물류망의 '다리'로 활용하려는 전략이다. 그는 정확한 지도를 기반으로 한 시스템만 갖춰지면 앞으로도 팽창하는 택배 시장의 패권을 잡을 수 있다고 확신했다.

63아이디어스 인포랩스

63IDEAS INFOLABS

013

농산물 물류 서비스
인도

스마트폰으로 농가의 물류 고민을 해소하다

라스트 원 마일을 고집하는 또 다른 닌자가 인도의 방갈로르에 있다. 세계 3위 규모를 자랑하는 거대한 농산물 시장을 겨냥하여 물류 서비스 '닌자카트' 사업을 전개하는 63아이디어스 인포랩스 63IDEAS INFOLABS다.

이들은 농가에서 직접 닌자카트 애플리케이션을 사용하여 집하나 소매점 등에 배송을 일괄적으로 의뢰할 수 있는 시스템을 구축했다. 우선 농가는 수확한 농산물을 각 마을의 닌자카트 집하센터로 가져간다. 집하센터에서는 농산물을 등급에 따라 구분하여 계량

인도의 농업 물류 서비스 닌자카트에 농산물을 직접 맡기려는 농가가 증가하고 있다.

한 후 그보다 규모가 큰 풀필먼트(fulfillment, 온라인 유통업체가 판매 제품을 자사 창고에 쌓아놓고 물류 시스템 전반을 총괄하는 것) 센터로 발송한다. 그곳에서 각 지역의 유통 센터를 거쳐 소매업자에게 필요한 수량만큼의 농산물을 전달한다.

닌자카트의 강점은 농산물 출하에서 판매까지 이어지는 일련의 과정을 최적화하는 소프트웨어에 있다. 화물차의 적재 용량, 차량 대수, 충분히 잠을 자고 가동할 수 있는 운전자의 수 등을 계산하여 최적의 물류 배송 계획을 작성한다. 농가, 배송업체, 닌자카트 사이에 데이터를 공유하여 효율성이 높은 물류 시스템을 구현하고 있다.

중간 유통과정을 생략하여 농가의 이익을 최대화하다

63아이디어스 인포랩스는 중간 유통과정을 생략하여 수확에서 판매까지 걸리는 시간과 배송 비용을 크게 줄였다. 닌자카트의 물류 플랫폼을 이용하는 농가는 4,500곳에 달하고, 평균 실질 수입액은 이전보다 20% 증가했다고 한다. 닌자카트는 AI를 활용해 농가에 최적화된 수확량과 출하일도 알려준다.

공동 창업자 겸 CEO인 티루쿠마란 나가라잔은 "농가 고객의 성공 사례가 입소문으로 전해져 사업 확대에 한층 기세가 올랐다"라고 말했다.

2018년 말의 취급량은 하루 300t으로 지난 5개월 대비 두 배나 증가했다. 2019년에는 이것을 1,000t으로 확대했다. 방갈로르와 함께 첸나이, 하이데라바드 등 주요 도시에서 4,000곳 이상의 소매업자에게 청과물을 배송하며 점차 사업 영역을 확대하고 있다.

2018년 12월에는 3500만 달러(420억 원)의 투자 유치에 성공했고, 2019년 4월에는 미국 펀드에서 1억 달러(1200억 원)를 추가로 조달했다.

014

3D 지도
미국

_____

자율주행차용 3D 지도의 표준을 지향하다

스마트폰을 활용해 독자적인 물류망을 구축하는 신흥국의 두 '닌자'. 그러나 10년 후를 고려하면 새로운 경쟁자의 출현도 경계할 필요가 있다. 자율주행차의 보급으로 기계가 읽어 들일 수 있는 지도가 필요해졌기 때문이다. 인간은 주위의 풍경을 보고 위치를 파악할 수 있지만, 기계는 상세한 3D 지도가 있어야 한다.

이 분야의 '사실상 표준(de facto standard)'을 노리는 곳이 2016년에 설립된 미국의 3D(3차원) 지도 전문 벤처기업 매퍼^Mapper다.

미국의 우버 테크놀로지스 등과 마찬가지로 대리운전자를 모집하여 그들의 차량에 매퍼가 개발한 자료 수집용 센서 등을 장착한다. 그들이 매퍼 전용 애플리케이션으로 주행 경로를 지시하면 차선이나 일시 정지 표시판, 가로수 상황에 이르기까지 자율주행에 필요한 모든 정보를 수집하여 최신 3D 지도를 만드는 구조다. 매퍼의 3D 지도는 실시간으로 갱신되고 센티미터 단위의 정밀도로 자율주행차를 운전할 수 있다.

자율주행차는 독일의 아우디, 미국의 제너럴 모터스, 도요타 자동차와 같은 대기업뿐 아니라 많은 벤처기업에서도 개발 경쟁에 뛰어들었다. 승용차는 물론 트럭이나 로봇 택시 등의 상용차 분야에서도 자율주행 기술 개발이 가속화되고 있다. 매퍼는 새롭게 탄

자율주행차용 지도를 제작하는 매퍼. 차량 위에 탑재한 것은 매퍼가 개발한 3D 지도 제작 장치.
(사진=Tex Allen)

생해 회오리바람을 일으키는 자율자동차 회사에 3D 지도를 판매할 예정이다.

급증하는 자율주행 벤처기업에 3D 지도 공급

실제로 미국의 샌프란시스코만 해도 이미 75개 회사가 자율주행차 개발 관련 허가를 받았고, 신청 중인 회사는 200여 곳에 달한다고 한다. 이러한 회사가 원하는 지역의 최신 지도를 "24시간 이내에 납품할 수 있다"(니킬 나이칼 CEO)라는 점이 매퍼의 강점이다.

구글이 전 세계를 볼 수 있는 지도를 만들어도, 공유 차량이 세계 각지를 달려도, 여전히 새로운 모빌리티가 필요로 하는 영역이 많이 남아 있다. 그곳에 재빨리 눈을 뜬 벤처기업이 세계로 날아오를 날이 머지않았다.

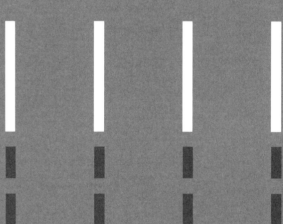

CHAPTER 4

인터넷과 실생활의 융합

허마셴성 Hema Fresh

015

슈퍼마켓
중국

실생활과 인터넷을 융합한 신선 슈퍼

세계 여러 나라의 소매 시장을 지배하는 미국의 아마존닷컴이 제대로 힘을 쓰지 못하는 거대한 시장이 있다. 바로 중국이다. 중국에서는 디지털 결제가 일반화되며 최첨단 비즈니스 모델이 속속 탄생하고 있다.

상하이 시내에 있는 허마셴성盒馬鮮生-Hema Fresh이라는 슈퍼마켓을 처음 방문했을 때, 첫인상은 마치 최신 기술의 전시장 같았다. 수조에서 헤엄치는 생선과 조개, 신선한 채소 등의 모든 상품에 QR 코드나 바코드가 붙어 있었다. 스마트폰으로 찍으면 바로 산지나 물류 경로와 같은 정보가 표시된다. 물론 결제할 때 현금은 필요 없다.

음식 재료를 사서 슈퍼마켓 내에 있는 레스토랑으로 가져가면 바로 조리해 주기 때문에 휴일이면 가족 단위로 사람들이 몰려든다. 식료품점과 레스토랑을 조합한 '그로서란트(grocerant)'에 단지 디지털 기술이 더해진 것처럼 보일지도 모른다. 하지만 허마셴성의 참모습은 다른 곳에 숨어있다. 이곳의 현장 매출액은 40%에도 미치지 않는다.

그들은 나머지 60% 이상의 수입을 택배로 벌어들인다. 비밀은 점원의 움직임에서 찾을 수 있다. 디지털 단말기를 보며 마치 쇼핑객처럼 상품을 골라 쇼핑백에 담은 후 가게 한쪽에 설치된 고리에 건다. 쇼핑백은 천장의 벨트 컨베이어로 올라가 달그락달그락 소리를 내며 가게 뒤편으로 사라진다.

과일 하나도 무료로 배송한다

쇼핑백에 들어 있는 것은 소비자가 인터넷으로 주문한 상품이다. 가게 뒤편에서 배송 직원이 대기하다가 쇼핑백을 받으면 바로 오토바이로 출발한다. 반경 3km 이내에 사는 고객이 주문하면 30분 안에 상품을 배달한다. 매장을 직접 찾은 손님도 매장에서 확인한 상품을 집으로 돌아가는 길에 주문하면 무겁게 들고 갈 필요가 없다. "과일 하나라도 배송료는 무료다. 근처의 다른 슈퍼마켓에 비하면 조금 비싸지만, 매장에서 신선한 상품을 직접 확인했기 때문에 결국 주문하고 만다"라고 상하이에 거주하는 고객이 말했다.

허마셴성의 허우이 CEO는 "같은 가격, 같은 마케팅 정책, 같은 시스템으로 온라인과 오프라인을 완전히 통합할 것"이라고 선언했다. 중국의 저렴한 인건비 때문에 가능하다는 점은 부정할 수 없지만, 실생활과 인터넷 융합의 좋은 사례다.

허마셴성은 중국 알리바바그룹의 산하 조직이다. 허마셴성의 사업 실적은 비공개지만 알리바바의 2018년 4~9월 분기 영업 이익은 전년 동기와 비교해 36% 감소한 215억 위안(약 3조 6080억 원)이었다. 디지털 시스템 구축과 배송 직원 고용 등 투자 비용이 늘어난 영향으로 판단한다. 하지만 신규 지점 개설에 가속도가 붙고 있어 1호점을 오픈한 이후 지난 3년 동안 중국 전역에 110여 개에 달하는 점포를 열었다. 소매점의 이상적인 미래 모습을 구축했다는 자신감의 표현이라고 볼 수도 있지만, 아무래도 발판 동력은 중국 특유의 격렬한 경쟁 환경인 듯하다.

경쟁자는 물류창고가 없는 슈퍼마켓

인터넷 판매에서 알리바바의 최대 라이벌인 징둥그룹京東集团은 2018년 유사한 콘셉트의 '7 FRESH'를 오픈했다. 베이징시 다주 플라자Dazu Plaza의 면적은 4,000㎡에 달한다. 리창이 부점장은 "이 점포에는 별도의 물류창고가 없다. 그만큼 우리와 같은 면적의 슈퍼마켓보다 1,000개나 많은 7,000여 가지의 품목을 진열할 수 있다"라고 말한다.

창고가 없는 것은 징둥그룹의 강점이다. 주문 상품의 대부분은 다음날 배송하는 무료 물류 시스템을 활용한다. 또한, 인터넷 통신 판매로 축적한 빅데이터 분석을 통해 재고 관리를 철저히 하여 상품 순환의 효율성을 높이고 있다.

플립카트 ^{Flipkart}

016

인터넷 쇼핑
인도
기업 가치: 160억 달러(19조 2000억 원)

월마트를 매료시킨 인도 최대의 전자상거래 기업

중국 세력이 제시한 미래의 소매업 모습에 자극을 받았는지 미국의 거대 기업들도 적극적인 투자에 나섰다. 아마존^{Amazon}은 2017년 137억 달러(16조 4400억 원)를 투자해 미국의 고급 슈퍼마켓인 홀푸드 마켓^{Whole Food Market}을 사들였다. 또한, 월마트^{Walmart}는 2018년 미래의 유망 시장으로 떠오르는 인도의 전자상거래 기업인 플립카트^{Flipkart}를 160억 달러(19조 2000억 원)에 인수했다. 월마트는 플립카트가 인도 내의 물류 관리나 대금 결제 기술에 큰 매력이 있는 기업이라고 판단한 듯하다.

플립카트는 2007년 인도의 사업가 비니 반살이 아마존에서 근무한 경험을 살려 친구와 둘이서 공동으로 설립했다. 처음에는 PC 관련 상품을 판매했지만 많은 기업을 인수하며 가전제품, 휴대전화, 의류 등에 이르기까지 취급 상품을 점차 확대해 지금은 인도 최대의 전자상거래 기업으로 성장했다. 2017년 인도의 스마트폰 인터넷 판매 시장에서도 점유율 51%를 차지하며 33%인 아마존을 크게 따돌렸다. 의류 분야도 현지에서 가장 높은 점유율을 차지하고 있다.

인도에서 플립카트가 아마존을 이기고 경쟁 우위에 서 있는 이유는 무엇일까. 비밀의 열쇠는 자회사인 '이카트'의 물류 서비스에 있다.

이카트는 설립 당시 플립카트의 사내 서플라이 체인(supply-chain)에 불과했지만, 다른 이커머스 기업의 물류까지 수탁하며 급속도로 성장했다. 이카트는 한 달에 1000만 개에 달하는 화물을 취급한다. 50개 도시에서는 다음 날 배송, 13개 도시에서는 당일 배송을 보장한다. 배송 시에 상품 대금을 결제하는 착불 서비스 등을 제공하며 지금까지 인도의 상식으로는 생각지도 못한 새로운 형태로 큰 주목을 받았다.

아마존에 지지 않는 물류 체계 구축

다양한 서비스를 제공하기 때문에 플립카트 이외의 인터넷 기업도 이카트에 의존한다. 물류 배송을 특기로 내세우는 아마존에 지지 않을 만큼 착실하게 시스템을 구축해 온 점이 플립카트의 경쟁력을 지탱하는 원동력이 된 것이다.

이러한 플립카트에 주목한 기업이 바로 미국의 월마트였다. 월마트는 아마존과의 입찰 경쟁에서 승리하며 거액의 자금을 들여 플립카트를 인수했다. 회사의 운명을 걸고 승부에 나선 이유는 세계 최대급의 인구와 함께 급성장하는 인도 시장에서 아마존에 대항할 힘을 기르기 위해서다. 월마트는 전자상거래가 어렵다고 알려진 인도의 시장 개척에 성공한 플립카트에 거는 기대가 크다.

017

베타 ^{b8ta}

체험형 기술 신제품 판매장
미국

쇼루밍 현상을 역이용하여 데이터로 수익을 내다

인터넷과 실생활의 융합을 주제로 세계 각지에서 소매업을 둘러싸고 패권 싸움이 심화하고 있다. 최신 기술로 무장한 설비 투자가 필요하므로 거대한 자본을 중심으로 움직이는 대기업이 눈에 띄지만, 당당한 기세로 뛰어드는 스타트업도 있다.

그중의 하나가 미국 샌프란시스코에 거점을 둔 베타^{b8ta}다. 최근 소매점들의 골칫거리인 소비자의 행동을 역으로 이용해 새로운 수익원으로 변화시키고 있다. 소비자가 매장에서 상품을 확인하고 실제 구매는 온라인으로 하는 현상을 '쇼루밍'이라고 부른다.

베타는 오프라인 매장을 전시 판매장으로 꾸미고, 판매 수익 전부는 물론 소비자의 반응을 데이터화해 상품을 전시한 제조사에 제공하며 매월 일정한 요금을 받는다. 베타가 직영하는 전시 매장의 표준 면적은 약 $280m^2$. 일본의 편의점 2배에 달하는 면적에 150대의 카메라를 설치했다. 고객이 어느 상품 앞에 멈춰 서서 손으로 만져보거나 조작하는지를 촬영하고 초 단위로 계측하기 위해서다. 점원은 상품에 관해 고객과 나누었던 대화도 일일이 적어 고객 대응 데이터베이스에 등록한다. 이를 통해 제조사는 상품에 대한 소비자의 반응을 세밀하게 분석할 수 있다.

무인 편의점 '아마존 고^{Amazon Go}'가 결제를 위해서 카메라를 사용하는 데 반해, 베타는 소비자의 반응을 제조사에 피드백하기 위해서 카메라를 활용한다. 구글이 '구글 홈^{Google Home}' 등의 판매를 촉진

전미 2위의 인테리어 건축 자재 판매 체인점인 Lowe's 내에 베타가 설치한 전시 매장.

하기 위해 베타를 이용하고 있으며, 그 외의 많은 스마트 가전 벤처 기업이 판매 채널로 베타를 선택하고 있다.

현재 베타는 미국 내에 14곳으로 매장을 확대했으며, 인테리어 건축자재 판매 체인점 로위스^{Lowe's}와 제휴하고 있다. 기존의 소매 업체에도 쇼루밍으로 돈을 버는 노하우를 전수하기 시작했다.

인터넷에 밀려 오프라인 매장을 기반으로 한 소매업이 고전하는 것은 전 세계의 공통된 현상이다. 하지만 이제 디지털 기술의 진화 로 흐름이 바뀌었다. 바람직한 모습을 향해 계속 변화하면 소매업 체도 반드시 활로를 찾을 수 있을 것이다.

타이투케어 TytoCare

018

가정용 진료 장치
이스라엘

온라인 진료의 표준을 노리다

아파서 무거운 몸을 이끌고 일부러 병원을 찾았는데 의사의 진찰을 받기까지 긴 시간을 기다려야 한다. 서비스의 효율화가 가속화되는 가운에 의료와 헬스케어 영역은 아직 미개척 분야다. 이것을 사업의 기회로 삼기 위해 많은 스타트업이 경쟁을 벌이고 있다.

그중 선두에 서 있는 곳이 2012년에 설립된 이스라엘의 타이투케어^{TytoCare}다. 자체적으로 개발한 진료 장치를 사용하여 온라인 진료 분야에서 '사실상 표준(de facto standard)'을 노리고 있다.

많은 기업이나 의료 기관이 스마트폰을 사용한 온라인 진료에

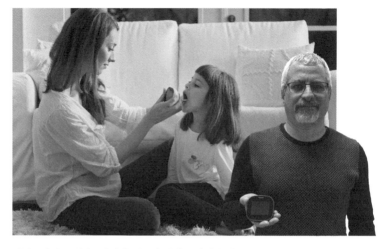

타이투케어는 비디오카메라 기능이 달린 독자적인 진료 장치를 개발했다. 안경을 쓴 남성이 타이투케어의 COO 오퍼 타자딕.

나서고 있지만, 모두 공통된 과제를 끌어안고 있다. 기본적으로 화면을 통해서 진찰하기 때문에 '목의 붓기'나 '불규칙한 호흡'을 세밀하게 측정할 수 없어 의사와 직접 대면했을 때와 같은 종합적인 진단을 내리기가 어렵다는 점이다.

귓속이나 목이 부은 상태를 촬영할 수 있다

그러한 문제를 해결하기 위해 타이투케어는 가정용 진료 장치를 개발했다. 기구를 갈아 끼우기만 하면 귓속이나 목이 부은 상태를 촬영하여 의사와 직접 대면했을 때와 같은 조건으로 진료를 받을 수 있다. 가슴의 어느 부위에 장치를 대면 숨소리를 정확하게 기록할 수 있는지 스마트폰의 애플리케이션으로 확인할 수 있는 기능도 탑재했다. 오퍼 타자딕 COO(최고운영책임자)는 "모든 가정에서 반드시 한 대씩 보유하는 보편적인 진료 장치가 되었으면 한다"라고 말했다.

가정용 진료 장치를 이용하는 환자는 자신의 데이터를 온라인을 통해 의사와 공유하고 정확한 진단을 받는다.

타이투케어는 2016년 미국 식품의약국(FDA)에서 의료 진료 장치로 인가받아 미국에서는 약 2만 명이 이용하고 있다. 2018년에는 중국의 대형 보험회사인 핑안보험平安保险과 자본 업무 제휴를 체결하며 전 세계에 급속도로 타이투케어의 진료 장치가 보급되고 있다. 이미 투자 펀드 등으로부터 8800만 달러(1056억 원)의 자금을 조달했다. 또한, 2020년에는 이용자를 10만 명까지 늘릴 계획도 세우고 있다.

정확한 데이터가 축적되면 축적될수록 AI가 의사를 보조할 수 있는 범위가 확대된다. 앞으로 10년 후에는 가벼운 감기 정도라면 집에서 진찰받는 것이 일반화될지도 모른다. 타이투케어가 그 플랫폼이 될 가능성이 크다.

오알캠 ^{OrCam}

시각 장애인을 위한 화상 인식 장치
이스라엘
기업 가치: 10억 달러(1조 2000억 원)

문자를 읽어 주는 안경

자율주행차 전용 반도체 벤처기업 모빌아이^{Mobile Eye}를 미국의 인텔^{Intel}에 약 18조 원에 팔아 이스라엘 스타트업계의 '전설'이 된 히브리대학 암논 샤슈아 교수. 그는 지금 새로운 프로젝트에 주력하고 있다. 2010년에 설립한 헬스케어 기업 오알캠^{OrCam}의 회장 겸 CTO(최고기술책임자)를 맡고 있다.

왜 헬스케어냐는 질문에 샤슈아 교수는 이렇게 대답했다. "자율주행과 헬스케어의 근본은 같다. 주변 환경을 화상을 통해 인식하고 AI를 사용해 분석한다. 자동차를 운전하거나 사물을 눈으로 보

오알캠이 개발한 장치를 안경에 부착하고 문장을 가리키면 문자를 읽어준다.

고 인식하는 등 사람의 행동을 보조하는 일이기 때문이다."

시력이 나쁜 사람의 시각을 보조한다

오알캠이 개발한 제품은 시력이 나쁜 사람을 보조하는 기계로 안경에 장착하는 형태다. 위의 사진처럼 안경 프레임에 카메라를 내장한 기계를 부착하고 책을 보면서 문장을 가리키면, 그 부분을 음성으로 전환해 읽어준다. 눈앞의 사람을 인식하고 누구인지 음성으로 알려주는 기능도 있다.

전 세계의 시각 장애인은 약 2억 명 이상으로 알려져 잠재 시장은 매우 거대하다. 오알캠은 이미 1000억 원이 넘는 투자를 유치했고, 세계 20개국 이상에 제품을 판매하고 있다. 하지만 현재 개발하는 제품은 안경 장착형만이 아니다. 샤슈아 교수는 오른손을 가슴에 단 기계에 대고 이렇게 말했다.

"이 작은 검은색 장치로 당신의 얼굴과 대화를 기록하고, 자동으로 스마트폰에 행동 이력을 작성합니다. 기존의 안경 장착형 기계는 인터넷에 접속한 순간의 행동 이력밖에 수집할 수 없지만, 이 장치는 거의 모든 행동을 파악할 수 있습니다. 실패한 구글 글래스(Google Glass, 구글이 만든 스마트 안경)와는 차원이 다릅니다."

파티처럼 불특정 다수가 모이는 장소에서는 자기와 관계없는 사람들의 대화를 차단한다. 자기와 직접 대화하는 사람의 데이터만을 수집하도록 설계되어 있다. 또한, 개인 프라이버시를 배려하여 수집한 데이터는 클라우드에 올리지 않는다.

"보청기로 쓸 수도 있다. 화상 인식 기술과 AI로 상대의 입술 움직임을 읽어 청각 장애인도 보조할 수 있다. 앞으로 AI의 가능성을 최대로 끌어낼 수 있는 곳은 의료 분야일 것이다."(암논 샤슈아 교수)

AI 메디컬 서비스

AI Medical Service

020

내시경 화상 자료 분석
일본

암 진단의 위음성율 제로를 꿈꾸는 AI 벤처기업

화상 인식을 헬스케어에 응용하는 기술은 이스라엘의 전매특허가 아니다. 2017년에 설립된 AI 메디컬 서비스^{AI Medical Service}(도쿄, 도시마) 는 일본의 특기인 내시경으로 수집한 화상을 AI가 분석하여, 소화기 계열의 암이나 염증 등을 자동으로 판정하는 시스템을 개발하고 있다.

일본은 내시경 분야에서 세계를 이끌고 있지만, 병변을 간과하는 사례가 '의사에 따라서는 20% 이상'으로 알려져 있다. 따라서 이중으로 확인이 필요한 사례도 많다. AI 메디컬 서비스는 이러한 문제

인터넷과 실생활의 융합

내시경의 화상을 AI가 정밀하게 분석한다. 수준 높은 전문의만이 알아볼 수 있는 위암의 병변도 0.02초 만에 찾아낸다. 회장 겸 CEO인 다다 도모히로는 임상의였다.
(사진=오제키 유지)

해결에 AI를 활용하려고 시도하고 있다. 식도나 위, 소장, 대장 등에서 발생하는 암 발견의 정밀도를 높이기 위해서다.

2020년 실용화를 목표로

2019년에 실시한 임상 시험 결과를 바탕으로 이르면 2020년 후생노동성의 승인을 얻어 본격적으로 실용화할 예정이다. "세계 최고 수준의 내시경 전문의 약 100명의 지식이 AI에 집약되어 있다. AI를 활용해 암 진단의 위음성율(암 환자를 정상으로 판정하는 것) '제로'를 꿈꾼다"라고 다다 도모히로 회장 겸 CEO가 말했다.

다다 회장이 창업한 계기는 임상의로서 많은 고민이 있었기 때문이다. 2만 건이 넘는 내시경 검사를 하며 혹시라도 암 발견을 놓치지 않으려면 무엇을 해야 하는지 계속 고민해 왔다.

수준 높은 전문의도 작은 병변을 발견하기는 어렵다

10년 이상의 경험이 있는 전문의도 작은 병변을 찾아내기는 어렵다. 하지만 급속하게 진화하는 AI의 화상 인식 기술을 사용하면 이 문제를 극복할 수 있다는 생각에 AI 메디컬 서비스를 창업했다. 딥러닝으로 방대한 화상 데이터를 AI가 학습하면, 전문의의 평균을 웃도는 판별 정밀도를 실현할 수 있다. 이 기술을 발전시켜 소화기암의 내시경 검사를 효율화하고 진단 정밀도를 높일 예정이다.

의료와 헬스케어 분야에 AI를 활용하려는 움직임은 이제 막 시작되었다. 첨단 기술을 얼마나 빨리 실제로 응용할 수 있느냐가 성장의 열쇠가 될 전망이다.

세계를 바꿀 강력한 비밀 무기를 장착한 유망 벤처기업은 지금까지 소개한 20곳 이외에도 아직 많이 남아 있다. CHAPTER 5부터는 혁신 기업 80곳을 분야별로 소개한다.

※ CHAPTER 1~4는 닛케이 비즈니스 2019년 1월 14일 자 특집과 온라인판의 관련 기사를 재편집하여 내용을 추가한 것입니다.

CHAPTER 5

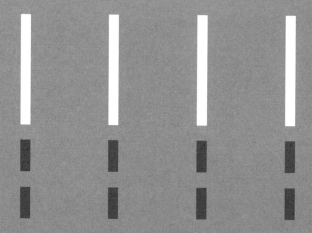

비즈니스 커뮤니케이션

오토메이션 애니웨어
Automation Anywhere

로봇프로세스자동화
미국
기업 가치: 26억 달러(3조 1200억 원)

사무직의 업무를 로봇으로 자동화하다

공장의 업무는 자동화할 수 있어도 사무직의 업무는 로봇이 대신할 수 없다. 이러한 상식도 과거의 유물이 되어가고 있다.

'고객 리스트에서 이름과 전화번호를 복사해 작업 지시서에 붙인다, 엑셀 등의 표 계산 소프트웨어에 매출 자료를 입력한다…….' 이러한 사무 업무를 인간 대신 소프트웨어 로봇이 자동으로 처리하는 RPA(Robotic Process Automation, 로봇프로세스자동화)라고 불리는 기술이 주목받고 있다. AI를 탑재한 소프트웨어 로봇이 인간의 행동을 학습하여 밤낮없이 효율적으로 작업을 수행한다.

회사, 은행, 제조사, 광고 대리점 등 다양한 분야에서 급속도로 로봇 자동화가 도입되고 있다. 일손 부족이 심각해지고 근무 형태가 다양화되며 많은 기업이 RPA를 활용할 수밖에 없는 상황이다.

'가상 지적 노동자'라고 불리는 RPA 분야에서 세계적으로 크게 주목받는 기업이 바로 미국의 오토메이션 애니웨어Automation Anywhere다. 실리콘밸리에 본사를 두고 세계 20개국에서 사업을 전개하고 있다. 전체 사원은 1,400명 이상이며 고객 기업의 수도 1,400곳이 넘는다.

인간의 행동을 학습하여 작업을 대신 수행한다

이전부터 많은 기업에서 IT를 활용해 업무 자동화를 진행해 왔다. 하지만 업무 자동화를 위한 데이터 입력 등은 여전히 사람이 해야 했다. 전체 업무 중에서 자동화가 진행된 부분은 약 20% 정도이며 나머지 80%는 사람 손에 의지해 왔다. 소프트웨어 로봇을 활용해 나머지 80%도 자동화하려는 것이 RPA다. 사무직 업무도 정기적으로 PC의 표 계산 소프트웨어에 정해진 자료를 입력하는 것처럼 정형화된 일이 많다. 이러한 업무는 점점 인간에서 소프트웨어 로봇으로 옮겨갈 것이다.

인간의 행동을 배우고 자동화를 추진하는 RPA의 보급이 본격적으로 이루어진 것은 얼마 되지 않았다. 해외뿐 아니라 근무 형태의 개혁이 급속도로 이루어지는 일본의 수요도 커서 오토메이션 애니웨어와 같은 RPA 기업의 성장력은 무한하다.

비즈리치 ^{BizReach}

022

전직 정보
일본
기업 가치: 341억 엔(3410억 원)

헤드헌팅형 전직 정보 서비스

"즉시 활용할 수 있는 전력이잖아. 반드시, 반드시 필요해. 이봐, 자
네 도대체 어디서 그 사람을……" 경력자 채용 면접을 끝낸 상사
가 이렇게 말하자, 여성 사원이 "비즈리치" 하고 검지를 세우며 대
답하는 TV 광고를 일본에서 자주 볼 수 있다.

직장 상사의 마음의 소리가 들린다는 독특한 CM으로 알려진 이
곳은 전직 지원 서비스 회사인 비즈리치^{BizReach}(도쿄, 시부야)다. 2009
년에 창업하여 2018년 7월기(2017년 8월~2018년 7월) 매출액은 약
157억 엔(1570억 원), 영업 이익은 약 7억 엔(70억 원)에 달하는 급성

장세를 보였다.

이곳의 주력 사업은 고급 인재의 경력 채용을 지원하는 '비즈리치' 서비스다. 비즈리치에 등록한 전직 희망자는 약 3,000명의 헤드헌터와 기업의 채용 담당자로부터 직접 연락을 받을 수 있다는 점이 특징이다. 비즈리치의 공개 구인 건수는 11만 건이며, 경영 간부 등 연봉 1000만 엔(1억 원)이 넘는 구인 수가 3분의 1 이상이다. 전직을 희망하는 회원 수도 71만 명이 넘는다고 한다.

지금까지 고급 인재가 전직할 때는 대부분 친분 있는 몇명의 헤드헌터에게 의뢰해 전직할 곳을 찾았다. 그런데 비즈리치에 등록하면 외국 회사, 중소기업 등을 포함해 다양한 전문 분야의 헤드헌터에게 직접 연락받을 수 있다. 전직 희망자가 다양한 전직 후보 회사를 찾는 데에 매우 효과적이다.

비즈리치는 인재를 채용해야 하는 기업 측에도 큰 도움이 된다. 헤드헌터를 통해 인재를 추천받을 뿐 아니라, 기업의 인사 담당자가 비즈리치의 데이터베이스에 접속해 여러 조건에 맞는 채용 후보자를 직접 검색할 수 있기 때문이다. 시급하게 인재를 채용해야 할 때는 단기간에 여러 후보자를 면접하여 적합한 인재를 발굴하기도 쉽다. 이처럼 기업 채용 담당자의 가려운 곳을 긁어주는 서비스가 비즈리치의 성장을 뒷받침하고 있다.

전직 상황 가시화로 인재의 유동성을 지원한다

비즈리치는 이외에도 여러 사업을 전개하고 있다. 20대의 전직에 특화된 '커리어 트레이닝', OB·OG 방문 네트워크 서비스인 '비즈리치 캠퍼스' 등이 있다.

젊은이뿐 아니라 중장년층도 처음 취직한 회사에서 계속 일하기를 고집하지 않고 이직하는 사람이 늘어나고 있다. IT를 활용해 예전에는 제대로 파악하지 못했던 전직 상황의 가시화는 인재의 유동성을 지지하는 힘이 된다. 일손 부족이 더욱 심각해지는 가운데 비즈리치처럼 IT를 활용해 개인과 기업 모두에게 도움이 되는 인재 관련 사업의 기회는 무한하다.

깃허브 GitHub

023

소스코드 관리 사이트
미국
기업 가치: 75억 달러(9조 원)

소프트웨어 개발자용 플랫폼

2018년 마이크로소프트가 75억 달러(9조 원)를 투자해 인수했다고
알려지며 주목받은 미국의 깃허브^{GitHub}. 그들은 소프트웨어의 기반
인 '소스코드(source code, 컴퓨터 프로그램을 기록하고 있는 텍스트 파일)'를
개발자가 공유하는 인터넷 사이트를 운영한다. 최근에는 개인뿐 아
니라 기업의 소프트웨어 개발팀에도 없어서는 안 될 존재가 되었다.

깃허브의 기본 서비스는 버전 관리 시스템인 '깃(Git)'이다. 프로
그래밍할 때 잘못된 부분을 수정한 결과, 그때까지 잘 움직이던 소
프트웨어가 갑자기 멈추는 경우가 종종 있다. 이때 깃을 사용하면

과거의 어느 시점으로 간단히 프로그램을 되돌릴 수 있다. 그뿐 아니라 언제, 누가, 어떻게 코드를 수정했는지 정보를 추적하는 일도 가능하다.

이러한 깃에 팀 단위의 프로그램 개발이 편리하도록 기능을 추가한 것이 깃허브다. 프로그램의 오류 관리나 코드 리뷰를 효율화하는 등의 기능도 갖추었다. 어느 소스코드의 오류 수정이나 기능 추가가 언제 되었는지 일목요연하게 파악할 수 있는 점이 인기를 얻으며 이용자가 확대되고 있다. 지금까지는 소스코드를 사내에서 관리하던 다양한 기업들도 이제는 깃허브를 통해 관리한다.

우수한 프로그래머들의 평가 무대

기업 등은 깃허브의 사이트에 소스코드를 보존하는 비용을 지급하는데 그것이 깃허브의 수익원이 된다. 우수한 프로그래머인지 알아보기 위해 깃허브에서 작성한 소스코드를 평가하고 기술자를 채용하는 기업도 늘어나고 있다. 또한, 소프트웨어 기술자들이 서로 정보를 교환하는 장소로도 깃허브를 활용한다.

AI나 IoT의 이용이 확산하고, 급속도로 디지털화가 진행되며 소프트웨어의 수요가 증가하고 있다. 그런 가운데 기업이나 조직이라는 벽을 넘어 기술자가 공동으로 개발하는 '오픈 소스화'가 늘어나고 있다. 깃허브는 디지털 시대에 빼놓을 수 없는 존재로 성장 가능성이 크기 때문에 마이크로소프트도 거액을 들여 인수한 것이다.

024

팻스냅 ^{PatSnap}

특허 데이터베이스
영국

전 세계의 특허와 상표를 데이터베이스화하다

전 세계의 특허, 상표, 기술 정보 등을 모아 거대한 데이터베이스를 운영하며 8,000곳에 달하는 기업의 연구 개발을 지원하는 기업. 그곳은 영국의 팻스냅^{PatSnap}이다. 2007년에 설립한 이후 고객이 40개국 이상으로 늘어났다. 이미 미국의 유명한 실리콘밸리 VC(벤처캐피털)인 세쿼이아 캐피털^{Sequoia Capital} 등 세계의 투자가들로부터 1억 달러(1200억 원) 이상의 자금을 모았다.

　미국의 항공우주국(NASA)이나 국방부와 같은 정부 기관뿐 아니라 타이어 분야의 대기업인 굿이어^{Goodyear}, 일본의 다카사고향료공업高砂香料工業까지 팻스냅이 많은 기업과 조직을 매료시키는 이유는 연구 개발에 도움이 되는 뛰어난 플랫폼을 제공하기 때문이다.

이 플랫폼은 다양한 분야의 특허나 기술 정보 검색 기능은 물론 지적재산(IP, Intellectual Property) 관련 데이터, 경쟁사 정보, 기술 동향을 추출하는 분석 기능 등을 제공한다. 미래 기술이나 시장 변화를 예측하는 '비즈니스 인텔리전스', 지적재산 관련 프로세스를 관리하는 '워크플로우'와 같은 기능도 갖추고 있다.

전 세계 1억 3000만 건에 달하는 특허를 축적한 데이터베이스는 전문 분야별로 여러 서비스를 제공한다. 예를 들어 바이오 분야의 경우에는 특허와 관련하여 3억 건이 넘는 방대한 단백질과 DNA·RNA 배열을 검색하거나 분석할 수 있다. 케미컬 분야에서는 특허 정보에 더해 법적 데이터, 소송 데이터, 저작권, 조성금 등의 정보도 얻을 수 있다.

연구 개발 분야의 효율성 향상은 매우 중요한 과제다

2018년 전 세계의 연구 개발비는 약 2조 1900억 달러(2,628조 원)에 이르지만, 과거 30년간 연구 개발의 효율성은 65%나 떨어졌다고 한다. 이로 인해 기업의 연구 개발 효율성 향상은 매우 중요한 과제가 되었다.

빅데이터와 AI 등을 활용하여 지금까지는 없었던 혁신 기술이 속속 탄생하고 있다. 이처럼 방대한 데이터의 홍수 속에서 연구 개발에 유용한 정보를 쉽게 찾아내고 분석하는 플랫폼을 제공하는 팻스냅에 세계의 많은 기업이 뜨거운 시선을 보내고 있다.

025

산산^{Sansan}

클라우드 명함 관리 서비스
일본
기업 가치: 506억 엔(5060억 원)

명함 정보 공유로 영업 활동을 효율화하다

여러 사원이 각각 교환해 온 명함을 스캔하여 데이터화하고, 회사에서 일괄 관리하여 인맥을 공유한다. 이러한 법인 전용 클라우드 명함 관리 서비스로 급성장한 곳이 산산^{Sansan}(도쿄, 시부야)이다.

"내가 받은 명함은 내 인맥이 아닌가?", "상대방의 허락을 받지도 않았는데 사내에서 공유해도 될까?" 이러한 거부감을 느끼는 사람도 많을 것이다.

그러나 기업 측에서 보면 사원이 교환한 명함 정보는 분명 큰 재산이다. 특히 빛을 발하는 곳은 영업 활동 분야다. 사원 개개인의 서랍에 잠들어 있는 명함 정보를 부서를 뛰어넘어 전 사원이 공유하면 신규 고객을 개척하는 데에 많은 도움이 된다. 명함을 공유하면 자기가 직접 만난 적이 없는 기업의 담당자여도 메일 주소나 전화번호 등의 연락처를 쉽게 손에 넣을 수 있다. 직접 명함을 교환한 사원에게 궁금한 점이나 주의할 사항을 미리 확인하고 허가를 받아 상대방에게 접근하면 문제가 될 여지는 사라진다.

그뿐 아니라 업무 담당자가 바뀔 때도 인수인계 과정에서 발생하는 문제를 예방하여 업무가 원활해진다. 거래처의 담당자가 누구인지 바로 파악할 수 있고, 전임자가 지금까지 어떤 인맥을 활용했는지도 쉽게 알 수 있기 때문이다.

명함 관리 애플리케이션도 인기다

명함의 정보 변경도 쉽게 업데이트할 수 있다. 산산은 인기 명함 관리 애플리케이션 'Eight'도 운영하고 있다. Eight의 이용자가 명함 정보를 업데이트하면 자동으로 법인의 클라우드 명함 관리 서비스의 데이터가 갱신되는 구조다. 또한, 닛케이 텔레콤과 같은 인사 정보 데이터베이스가 업데이트되면 알려주는 기능도 있다.

외부의 데이터 제휴와 관련하여 영업 지원 소프트웨어 업체인 미국의 세일즈포스닷컴Salesforce.com과도 협업 중이다. 그들은 산산의 클라우드 명함 관리 서비스에 입력한 거래처나 책임자 등의 정보를 영업이나 고객정보 관리에 활용하고 있다.

종합 상사, 부동산 대기업, 의약품 제조사, 대학 등 폭넓은 업종에서 산산의 이용이 확대되고 있다. 산산은 아날로그였던 명함 관리를 디지털화해 기업 내에서 공유한다는 새로운 발상으로 비즈니스의 상식을 급격하게 바꾸고 있다.

유데미 ^{Udemy}

026

온라인 학습
미국
기업 가치: 1억 7300만 달러(2076억 원)

세계 최대의 온라인 학습 플랫폼

'경험은 없지만, 프로 웹디자이너가 될 거야!', '제로부터 시작하는 데이터 분석', '문구 하나로 계약의 성공률을 높이다!'

10만 개가 넘는 과정과 2400만 명의 수강생들이 배우는 세계 최대의 온라인 학습 플랫폼. 이곳은 미국의 실리콘밸리에 본사를 둔 온라인 교육 기업 유데미^{Udemy}다.

비즈니스나 IT 기술 향상에 도움이 되는 실무 강좌가 중심이지만, 예술이나 건강, 음악 등의 과정도 있다. 유데미는 다양한 지식을 갖춘 강사가 자신 있는 분야의 온라인 교육 과정을 만드는 플랫폼 기능을 갖추고 있다. 동영상이나 프레젠테이션 소프트, PDF, 음성 등을 올려 교육 과정을 만들 수 있다. 어느 정도만 준비하면 누구라도 온라인 강사가 될 수 있다는 점이 특징이다. 강사 수는 3만 5,000명이며 50개 이상의 언어로 대응하고 있다.

인기 강사는 연간 100만 달러(12억 원) 이상의 수입을 올리는 사례도 있다고 한다. 대학 등에서 제공하는 대규모의 온라인 공개 수업 'MOOC(Massive Open Online Course)'와 달리 대학의 학점을 인정받을 수는 없지만, 업무에 도움이 되는 여러 강좌를 쉽게 수강할 수 있어 인기가 높다.

유데미를 창업한 사람은 터키 출신의 에렌 발리다. 그는 온라인 학습 지원 사업을 목표로 미국의 실리콘밸리로 이주했다. 2009년에 실제로 회사를 설립하고 2010년부터 서비스를 시작했다. 처음에는 사업 자금을 조달하기가 어려웠지만, 개설한 사이트가 큰 인기를 얻으며 유력한 벤처캐피털 등의 투자가 이어져 점차 사업을 확대하고 있다.

폭스바겐과 아디다스도 이용한다

유데미는 개인용 교육 과정뿐 아니라 기업용 교육 시장도 노리고 있다. '유데미 포 비즈니스'라는 기업용 학습 플랫폼에서는 비즈니스와 관련하여 3,000개 이상의 과정을 제공한다. 인기가 많은 과정으로는 'iOS 앱 개발 부트 캠프', '데이터 사이언스를 위한 파이선

(Python)과 기계학습 워크숍' 등이 있다.

독일의 자동차 회사인 폭스바겐과 스포츠용품 제조회사인 아디다스, 미국의 온라인 결제 서비스 회사인 페이팔, 차량 공유 서비스를 제공하는 리프트 등이 직원 기술 향상을 위해 활용하고 있다.

'스킬 공유'를 슬로건으로 내세운 유데미. 일본에서는 2015년부터 베네세 코퍼레이션과 제휴하여 사업을 전개하고 있다. 몇천 엔에서 몇만 엔에 이르는 다양한 과정이 있는데 무료 강의나 기간 한정 할인 혜택도 제공하며 고객 확대를 위해 총력을 기울이고 있다.

유니티 테크놀로지스 ^{Unity} Technologies

027

3차원 CG 개발 도구
미국
기업 가치: 28억 달러(3조 3600억 원)

3D CG 개발 도구로 가상의 세계를 창조하다

고글을 쓰면 가상 공간 속에 마치 실제로 자기가 있는 것처럼 체험할 수 있는 VR(Virtual Reality, 가상현실)이나, '포켓몬 GO'처럼 현실 풍경에 가상의 시각 정보를 덧입히는 AR(Augmented Reality, 증강현실)이 주목받고 있다.

이러한 VR이나 AR을 비롯해 다양한 3D(3차원) 콘텐츠를 제작하는 개발 원칙을 제공하는 유니티 테크놀로지스^{Unity Technologies}는 세계에서 가장 널리 쓰이는 실시간 3D(RT3D) 개발 플랫폼을 제공한다. 예를 들면 VR이나 AR 콘텐츠의 약 60%가 유니티의 기술을 채용하고 있다. 모바일 게임의 점유율은 50%에 달한다.

미국의 구글이나 마이크로소프트, 페이스북, 오큘러스, 일본의 소니, 닌텐도 등 많은 기업과 제휴하고 있으며, 1,000명에 달하는 유니티의 기술팀이 최신 소프트웨어 업데이트 등을 지원하는 체계를 갖추고 있다.

3D 콘텐츠는 게임 분야에서 사용한다는 이미지가 강하지만, 최근에는 자동차, 건축, 영화, 엔지니어링과 같은 다양한 분야에서 활용하고 있다.

자동차 수리 및 점검 작업 지원에 활용되는 MR

자동차를 예로 들어보자. 도요타 자동차는 수리 및 점검 작업을 지원하기 위해 MR(Mixed Reality, 복합현실)을 실현한 마이크로소프트의 '홀로렌즈'라는 고글형 장치를 사용한다. CAD(Computer Aided Design, 컴퓨터를 활용한 설계)로 작성한 자료는 물론 3D 모델이나 부품 정보를 실제 차종에 겹쳐서 보여준다. 수리할 때 뜯어내는 부속품에 3D 모델을 겹쳐서 강조하거나, 안쪽에 붙어 있어 잘 보이지 않는 부품의 상태를 보여주기도 한다.

MR 기술을 사용하면 수리나 점검 작업의 정확도를 높일 수 있다. 멀리 떨어진 전문 기술자가 원격으로 젊은 인재를 교육할 때도 도움이 될 것이다. 이러한 3D 기술 구현에 유니티의 플랫폼이 활용되고 있다.

덴마크에서 실리콘밸리로 이주하다

유니티는 2004년 덴마크 코펜하겐에서 데이비드 헬가슨과 공동 창업자가 설립했다. 처음에는 게임 회사였으나 이후 게임 개발회사로 변경했다. 미국의 샌프란시스코로 본사를 이전하고, IT 기업 투자로 유명한 미국의 VC(벤처캐피털) 세쿼이아 캐피털 등의 투자를 받아 사업을 확대해 왔다. 지금은 세계 27개국에 거점이 있으며 2,000명 이상의 사원이 근무하고 있다.

3D 콘텐츠가 폭발적으로 늘어나는 가운데, 진화를 이끄는 기업의 보조자로서 유니티의 존재감은 점점 높아질 것 같다.

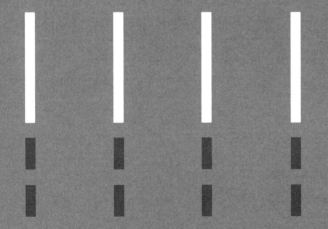

CHAPTER 6

엔터테인먼트 · 숙박 서비스

바이트댄스 ^{ByteDance}

028

동영상 공유 애플리케이션
중국
기업 가치: 750억 달러(90조 원)

동영상 공유 '틱톡'으로 세계를 휩쓸다

음악에 맞추어 15초 정도의 립싱크나 댄스와 같은 짧은 동영상을
공유하는 스마트폰 앱 '틱톡(TikTok)'이 큰 인기를 얻고 있다. 특히
스마트폰 사용의 주력 계층인 10~20대 젊은이들의 큰 관심을 끌
었다. 팝송이나 가요 등을 포함해 다양한 장르의 음악 중에 좋아하
는 것을 골라 간단히 동영상을 작성할 수 있어 인기가 높다.

 틱톡을 개발한 기업은 중국의 바이트댄스字節跳動科技-ByteDance다. 전
세계에서 폭발적으로 이용자가 증가하며 기업 가치는 750억 달러
(90조 원)에 달해, 미국의 차량 공유 서비스 기업인 우버 테크놀로지

스를 능가한다는 평가를 받았다.

바이트댄스가 사업을 시작한 것은 2016년 10월이며, 2017년 8월부터 해외 서비스를 시작했다. 서양에서는 앞서 진출한 중국 기업 '뮤지컬리Musical.ly'가 유사 서비스를 제공하며 인기를 얻고 있었다. 하지만 급성장한 틱톡이 뮤지컬리를 인수하며, 두 서비스의 통합으로 이용자는 더욱 확대되었다.

동영상 공유라면 이미 미국의 유튜브가 널리 보급되어 있는데, 왜 틱톡이 인기를 얻는 것일까? 가장 큰 이유는 이용자가 간편하게 동영상을 제작하고, 15초라는 짧은 시간에 시청할 수 있다는 점이다. 학교에서 쉬는 시간인 10분 사이에 간편하게 동영상을 찍어 올릴 수 있다는 콘셉트다.

립싱크나 댄스라면 언어 장벽이 없고 쉬는 시간이나 방과 후에 재미있는 동영상을 찍어 올리면 친구들의 반응도 좋다. '좋아요'를 많이 받으면 동영상을 올리고 싶은 마음이 더욱 커지는 것도 한몫했다.

틱톡의 짧은 동영상은 순식간에 젊은이들 사이에서 큰 인기를 끌었다.

인기가 높은 '립싱크' 동영상

특히 인기를 끄는 것은 립싱크라고 불리는 노래에 맞춰 입만 벙긋거리는 동영상이다. 틱톡에서는 쉽게 가공할 수 있어 자신을 멋있게 보이거나 귀엽게 꾸며 동영상을 즐길 수 있다.

처음부터 자신만의 오리지널 콘텐츠를 만들기는 힘들지만, 이미 존재하는 동영상을 흉내 내어 재구성하기는 쉽다. 다시 말해 내세울 만한 취미나 특기가 없어도 간단하게 동영상을 만들어 공유할 수 있다는 점이 이용자들에게 큰 지지를 얻고 있다. 동영상을 만드는 기술이나 요령도 애플리케이션 내에 자세히 설명되어 있다.

나이언틱 Niantic

029

AR 게임 애플리케이션
미국
기업 가치: 40억 달러(4조 8000억 원)

포켓몬 GO 다음은 해리 포터

세계적으로 큰 붐을 일으킨 스마트폰 전용 AR 게임인 '포켓몬 GO'를 개발한 업체는 미국의 나이언틱Niantic이다. 2016년 서비스를 시작한 포켓몬 GO의 이용자 수는 2018년 기준, 전 세계에서 총 8억 명을 돌파했다. 미국, 유럽, 일본에 더해 아시아 등의 여러 신흥국에서도 꾸준히 인기를 얻고 있다.

일본뿐 아니라 세계적으로 30대 이하라면 포켓몬스터 애니메이션을 보거나 게임을 하며 자란 사람이 많다. 포켓몬 GO는 이러한 계층의 열렬한 지지를 받았다.

큰 붐을 일으킨 포켓몬 GO의 꾸준한 인기가 지금까지도 이어지고 있다.

미국의 조사 기관인 센서타워Sensor Tower가 2019년 1월에 발표한 보고서에 의하면, 포켓몬 GO의 2018년 수입은 7억 9500만 달러 (9540억 원)로 추정되며, 이는 전년에 비해 35% 증가한 수치다.

게임에 필요한 아이템으로 수익을 낸다

포켓몬 GO는 무료로 즐길 수 있지만, 게임을 더욱 유리하게 이끌어가기 위한 아이템은 유료다. 게임에 푹 빠진 이용자는 유료여도 계속 아이템을 사서 즐기는 경우가 많다. 이러한 계층을 안정적으로 확보하는 일이 나이언틱의 수익을 지탱하는 원천이다.

2019년에는 소설과 영화로 유명한 〈해리 포터〉를 주제로 스마트폰 전용 게임 서비스를 시작했다. '해리 포터: 마법사 연합'이라는 제목의 신작은 해리 포터는 물론 그곳에서 파생한 '판타스틱 비스트'의 다양한 캐릭터가 등장한다.

마법계에서 발생한 대재앙으로 마법 도구, 마법 생물, 마법계의 사람들이나 기억까지도 머글(인간)계에 기묘한 형태로 나타나기 시작하면서, 이를 되돌리기 위해 전 세계의 마법사들이 뭉쳐 수수께끼를 풀어가는 게임이다. 게임 플레이어는 대재앙의 조사와 방지를 목적으로 마법부와 국제마법사연맹에 의해 설립된 특수부대의 신입 요원이 되어 모험에 나선다는 스토리로 구성되어 있다.

구글 사내의 스타트업으로 시작

나이언틱은 2010년 미국 구글의 사내 스타트업으로 시작했다. 2012년 처음으로 스마트폰 전용 증강현실(AR) 기술을 활용한 위치 정보 게임 '인그레스' 베타 버전을 개발했고, 이듬해부터 정식 서비스를 시작했다.

2015년 구글에서 독립한 이후 구글, 닌텐도, 주식회사 포켓몬에서 최대 3000만 달러(360억 원)의 자금을 모아 포켓몬 GO를 만들었다.

인그레스나 포켓몬 GO를 통해 얻는 귀중한 노하우는 앞으로 다양한 게임에 응용될 것이다. 해리 포터의 신작도 궤도에 올려놓기만 하면, 나이언틱의 수익이 확대되고 기업 가치도 비약적으로 높아질 가능성이 있다.

030

우크비^{Ookbee}

전자책 플랫폼
태국

동남아시아발 전자책 플랫폼

태국, 베트남, 필리핀, 말레이시아와 같은 동남아시아에서 전자책 판매 플랫폼을 전개하며 1000만 명 이상의 이용자를 확보한 기업이 있다. 태국의 벤처기업인 우크비^{Ookbee}다.

우크비는 유력 출판사가 발행하는 서적 외에 소설 팬이나 만화 애호가와 같은 초보자가 제작한 '사용자 생성 콘텐츠(UGC, User Generated Contents)'를 다루는 것이 특징이다. 2017년에는 중국의 인터넷 서비스 기업인 텐센트^{Tencent}와 공동으로 콘텐츠 회사인 '우크비 U'를 설립했다.

태국 등에서는 일본의 만화나 애니메이션을 접하며 자란 세대가 성장해 아마추어 만화가가 된 사람이 많다. 우크비는 이들이 자유롭게 웹툰을 투고하고, 접속 수에 따라 수입을 얻을 수 있는 '우크비 코믹스'를 주력 사업으로 전개하고 있다. 인기가 많은 작품을 책으로 발간하는 출판 사업도 지원한다.

우크비 U는 일본의 젊은 여성들에게 인기가 높은 동영상 공유 서비스 '씨채널(CCHANNEL)'의 태국 사업도 담당하고 있다. 씨채널은 여성들에게 관심이 높은 정보를 짧은 시간에 간편하게 시청할 수 있는 동영상을 제공한다. 여성 잡지의 인기 모델이나 네일 아티스트처럼 영향력 있는 사람들과 함께 제작한 동영상으로, 태국에서도 젊은 여성들 사이에서 인기가 매우 높다. 또한, 음악 공유 사업도 전개하고 있다.

우크비는 2015년부터 일본의 트랜스 코스모스^{Trans Cosmos}와 합작하여 현지에서 온라인 쇼핑몰을 운영했지만, 경영이 악화되며 2017년 사업을 철수했다. 일본산 화장품이나 식료품 등을 태국에서 판매했는데, 극심한 경쟁으로 사업을 접을 수밖에 없었다. 그 대신 점유율이 높은 온라인 전자책 판매와 같은 콘텐츠 사업에 역량을 집중하며 새로운 성장을 목표로 세우고 있다.

031

핀터레스트 ^{Pinterest}

사진 공유사이트
미국
기업 가치: 127억 달러(15조 2400억 원)

마음에 드는 사진을 '핀보드'로 공유하다

여러 인터넷 사이트의 마음에 드는 사진이나 동영상과 같은 정보
를 자신의 핀보드에 스크랩해서 관리하는 SNS가 핀터레스트^{Pinterest}
다. 벽에 건 코르크 보드에 마음에 드는 사진을 붙이는 감각으로 사
용할 수 있어 점점 인기가 치솟고 있다.

　핀터레스트를 '인스타그램'과 비교하는 경우가 많은데, 인스타그
램은 자신이 촬영한 사진이나 동영상을 투고하여 공유하는 방식이
다. 유명인이나 친구 등의 인스타그램을 팔로우하고 최근 상황을
확인하기 위해 이용하는 사람도 많다.

여성들에게 인기가 높은 핀터레스트의 스마트폰 앱 화면.

핀터레스트의 특징은 수집과 검색의 편리함

핀터레스트는 자기가 흥미(interest) 있는 분야를 중심으로 다른 이용자들이 즐겨찾기에 넣어 둔 아이디어를 수집해서 모으기에 적합하다. 검색이 쉬워 정보 수집이 편리하다는 이용자 평가가 눈에 많이 띈다. 단순히 동영상을 저장하기보다 웹사이트나 페이지 자체를 보존하여 관련 정보에 접근하기 쉽다는 점이 특징이다.

2018년 9월 기준, 핀터레스트의 월간 활동 이용자 수는 전 세계의 2억 5000만 명에 달했는데, 이 숫자는 점점 확대되고 있다. 여성의 비율이 80%로 남성보다 높고, 35~54세의 이용자가 거의 절반을 차지한다는 점도 특징이다. 아이가 있는 엄마처럼 이용자는 '어른 세대'가 많다. 인스타그램도 여성의 비율이 70% 정도지만, 90%의 이용자가 35세 이하의 '젊은 세대'라는 점이 크게 다르다.

구매 행동을 결정하는 어른 세대의 지지를 얻다

'인스타바에(인스타그램에 올릴만한 사진이라는 의미로, 인스타그램과 사진에서 빛이 난다는 의미의 단어를 조합해서 만든 단어-옮긴이)'라는 말도 있듯이 일본에서는 개인, 기업 모두 인스타그램에 관심이 높다. 인스타그램의 월간 활동 이용자 수는 전 세계 10억 명 이상이라고 알려졌지만, 구매 행동을 결정하는 어른 세대가 주요 계층인 핀터레스트도 간과할 수 없는 존재다.

핀터레스트 일본 법인은 2018년 10월, 새로운 쇼핑 기능을 더한 '프로덕트 핀'과 '쇼핑 추천 모음' 서비스를 도입했다. 실시간으로 상품의 가격이나 재고 상황을 알려주고, 소매업자의 웹사이트에 바로 접근할 수 있는 링크도 올려 이용자가 한층 편리하게 상품을 구매할 수 있다.

핀터레스트는 이용자가 관심 있는 인터넷 정보를 모아 구매로 바로 연결하는 기능을 강화하여 수익 확대를 모색하고 있다.

민박 중개
미국
기업 가치: 350억 달러(42조 원)

민박으로 여행의 상식을 바꾸다

"낯선 사람에게 자기 집을 빌려주다니 몰상식하기 짝이 없다. 물건을 도둑맞으면 어쩌지!", "남이 쓰던 침대에 눕는 건 기분 나쁘다.", "범죄에 악용될지도 몰라."

이런 비판을 받으면서도 전 세계의 이용자가 순식간에 불어난 민박 서비스. 그 대명사로 부를만한 곳이 미국의 에어비앤비^{Airbnb}다. 지금은 세계 191개국, 8만 1,000곳 이상의 도시에서 500만 개가 넘는 숙박 장소를 제공한다.

에어비앤비가 인기 있는 이유 중 하나는 비용이 저렴하기 때문이다. 뉴욕 맨해튼 한가운데의 트윈 베드를 갖춘 호화로운 아파트가 1박에 약 20만 원, 하와이의 와이키키 해변 가까이에서 두 사람이 묵을 수 있는 방은 1박에 약 8만 원이다. 이처럼 현지의 비싼 호텔비를 고려하면 아주 저렴한 가격으로 머물 수 있다는 점이 매력이다.

자택이 비었거나 소유자가 빌려주고 싶을 때만 제공하기 때문에 저렴한 가격대를 형성할 수 있다. '공유경제(Sharing Economy)'의 대명사로 불리며 이전에는 생각지도 못한 아이디어로 많은 지지를 얻고 있다.

에어비앤비는 숙박 고객과 호스트의 불안감을 낮추기 위해 서로 간의 평가나 리뷰에 큰 노력을 기울인다. 문제가 발생하면 호스트가 낮은 평가를 받는 구조다. 따라서 좋은 평가를 받은 호스트가 고객들에게는 인기다. 평가가 낮은 호스트는 서비스에서 제외하고, 평가가 높은 호스트는 에어비앤비가 '슈퍼 호스트'로 인정하여 추천하도록 설계되어 있다.

최근 에어비앤비에는 일반적인 호텔 예약 사이트에는 없을 것 같은 독특한 숙박 시설이 증가하고 있다. 대표적인 사례가 '트리 하우스(Tree House)' 같은 곳이다. 마치 남쪽 섬에 표류한 조난자의 이야기에나 나올법한 나무 위에 지어진 독특한 주택이다. 브라질 몬테베르데에 있는 나무 주택에는 전기와 냉장고도 완비되어 있어 쾌적한 숙박 체험을 할 수 있다.

영국의 하일랜드 지방에 있는 숙박 시설도 무척 흥미롭다. 마치 알루미늄으로 만든 우주선 모양의 공간에 일반 가정과 같은 시설이 갖추어져 있다. 창밖으로 웅대한 자연도 즐길 수 있다고 한다.

에어비앤비는 그동안 발생했던 다양한 과제의 극복 방안도 서두르고 있다. 예를 들면 불법 민박에 대한 대응이다. 2018년에는 일본 관광청의 통보를 받아 주택숙박사업법의 신고 번호와 여관업법의 허가 번호를 입력하지 않은 불법 시설은 모두 삭제했다. 전 세계의 유례가 없는 엄격한 기준으로 숙박 시설은 큰 폭으로 감소했지만, 신뢰성을 높이기 위해 꼭 필요한 조치라고 판단했다.

에어비앤비는 세계 각 지역의 법적 기준에 따른 대응을 진행하고 있어, 숙박 시설이 강제로 취소되면 전액 환불은 물론 숙박에 이용할 수 있는 쿠폰 등을 발행하여 고객의 손실을 보전한다.

영국 하일랜드 지방에서는 알루미늄으로 만든 우주선 모양의 공간에서 숙박할 수 있다.

일본의 JTB와 포괄적인 업무 제휴

호텔 산업을 위협한다고 지금도 여전히 강한 비판을 받는 민박. 그러한 민박 업계의 리더라고 할 수 있는 에어비앤비가 법적인 규칙을 준수하여 비판에 대응함으로써 점점 시민권을 획득하고 있다. 2018년 11월에는 경쟁사로 여겨졌던 여행 대리점을 운영하는 JTB와 포괄적 업무 제휴를 체결했다. 이로 인해 JTB가 민박 프로모션을 실시하고, 예약 등에 협력할 가능성도 점쳐지고 있다.

오요 호텔스앤홈스
OYO Hotels & Homes

033

호텔 체인
인도
기업 가치: 50억 달러(6조 원)

싼 곳은 나쁠 것이라는 상식을 뒤집은 저가 호텔

싼 곳은 분명 환경이 나쁠 것이라는 이미지가 강한 저가 호텔. 그래도 청결하고 무선 인터넷, 에어컨, TV, 조식이 제대로 제공된다면, 여행자들에게 많은 지지를 얻을 수 있다. 그러한 발상으로 탄생한 호텔 체인이 여행업계에 선풍을 일으키고 있다.

인도의 오요 호텔스앤홈스^{OYO Hotels&Homes}가 운영하는 저가 호텔 예약 사이트는 2013년 사업을 시작한 지 불과 5년 남짓하여, 500개 도시의 1만 5,000곳이 넘는 호텔을 저렴한 가격에 예약할 수 있는 서비스 제공하며 급성장했다.

인기를 지탱하는 비결은 저가 호텔의 약점을 보완하는 철저한 '표준화' 때문이다. 오요는 무선 인터넷, 에어컨, TV, 조식 등 약 30가지 항목의 기준을 충족하는 호텔만 예약 사이트에 올린다. 실제로 오요의 사원이 고객과 마찬가지로 직접 숙박하며 호텔이 제공하는 설비나 서비스의 수준을 엄격하게 평가한다. 기준에 미달했더라도 시설의 인테리어나 설비 등을 보완하고 서비스를 개선하여 기준을 충족하면 네트워크에 가입할 수 있다.

약 2~3만 원 정도의 저가 호텔에서 3~8만 원 정도의 중간 가격대에 주력하고 있으며, 공실이 많은 경우에는 할인 가격을 제시하여 가동률을 높이고 있다.

IT를 적극적으로 활용해 호텔 운영의 효율성도 향상하고 있다. 호텔 측에서 숙박자의 체크인이나 체크아웃뿐 아니라 종업원의 청소 상황, 공실 상황 등을 바로 확인할 수 있는 시스템을 제공한다.

말레이시아와 아랍에미리트, 일본에도 진출하다

오요는 인도뿐만이 아니라 말레이시아, 인도네시아, 아랍에미리트, 중국 등 세계 진출도 가속화하고 있다. 신흥국을 중심으로 저가 호텔의 상식을 바꾸는 서비스로 관심을 끌고 있다.

2019년 2월에는 일본에도 진출했다. 야후와 합작사를 설립하고 '오요 라이프'라는 브랜드로 입주에서 퇴거까지 스마트폰 하나로 처리할 수 있는 새로운 임대 서비스를 시작했다.

보증금, 사례금, 중개 수수료 없이 즉시 입주가 가능하여 초기 비용을 줄일 수 있다. 그뿐 아니라 가구나 가전, 무선 인터넷도 완비하고 있어, '자기 가방 하나만 들고 오면 그날부터 바로 생활할 수 있다'라고 한다.

1개월 단위로 계약하는데 셰어 하우스의 형태는 40~60만 원, 아파트 유형은 100~150만 원, 단독 주택은 250~450만 원 수준이다. 도쿄 23구에서 사업을 시작하여 점차 확대할 계획이다. 오요의 운영 노하우를 살려, 일본의 임대주택 시장에 새로운 바람을 불어 넣으려 하고 있다.

오요의 창업자이자 CEO인 리테쉬 아가르왈은 1993년생으로 아직 20대 중반이다. 급성장하는 데 필요한 자금은 일본의 소프트뱅크그룹, 미국의 세쿼이아 캐피털 등이 투자한 것이다. 2018년에는 총 10억 달러(1조 2000억 원)의 자금을 조달하였다. 오요는 앞으로 중국과 인도네시아 등의 시장 개척을 가속할 태세다.

034

투지아^{Tujia}

민박 중개
중국
기업 가치: 30억 달러(3조 6000억 원)

중국 민박 서비스의 거인

인구 약 14억 명으로 전 세계에서 가장 인구가 많은 나라 중국. 그러한 중국의 민박 플랫폼으로 최고의 지위를 누리는 회사가 바로 투지아_{途家-Tujia}다. 2019년 1월 기준, 중국 내에서는 100만 곳, 중국 외에서는 50만 곳의 숙소 정보를 제공한다. 세계 진출도 가속화하고 있어 에어비앤비의 라이벌이라고 부를만한 존재가 되고 있다.

숙소를 제공하는 호스트에게 받는 수수료를 3%로 낮추며 인기가 높아졌고, 이로 인해 숙박 시설 수가 급속도로 확대되었다. 에어비앤비와 마찬가지로 게스트와 호스트의 상호 평가 구조를 활용하여 신뢰성을 높여왔다. 특히 중국 회사의 강점을 살려 현지에서 발생하는 문제 해결 등에 중국인의 가려운 곳을 긁어주는 서비스를 구현한 점이 높은 평가를 받는다.

투지아의 성장 가능성은 매우 크다. 중국에서 해외여행에 관한 관심이 높아지며 일본, 유럽이나 미국 등 세계를 찾는 중국인이 급증했기 때문이다. 해외를 여행할 때 비용 절감 등의 이유로 민박을 이용하는 중국인도 큰 폭으로 증가하고 있어서 충실한 중국어 사이트를 운영하며 중국인의 특성을 깊이 이해하는 투지아의 입지가 우세한 것만은 분명하다.

일본에서도 높아지는 중국인의 민박 수요

투지아는 이미 중국인의 민박 수요가 높은 일본에서도 사업을 본격화하고 있다. 일반적인 민박 서비스뿐 아니라, 일본에서는 '투지아 하우스'라고 불리는 질 높은 민박 브랜드 사업을 전개하고 있다. 투지아의 플랫폼을 활용하여, 중국인을 끌어모으는 것은 물론 인테리어, 사업 관리, 운영에 대한 조언도 시행한다.

일본 법인에서는 컵이나 샴푸, 린스 등의 독자적인 편의품을 제공한다. 침대 시트나 수건 등의 리넨 교체도 한다. 인테리어에는 투지아의 브랜드 컬러인 주황색을 넣어 브랜드 이미지를 알리는 데 주력하고 있다.

중국 방문객이 많이 찾는 도쿄, 오사카, 교토 지역에 주력하다

2020년 올림픽과 패럴림픽 개최를 앞둔 도쿄, 2025년 만국박람회 개최가 결정된 오사카와 함께 역사를 느낄 수 있는 사찰이 많은 교토 등 특히 중국인의 관심이 높은 지역에 투지아는 힘을 쏟고 있다.

투지아는 에어비앤비처럼 2018년 주택숙박사업법을 시행한 일본에서 불법 민박 문제에 강력히 대응하는 한편, 수요보다 공급이 부족한 민박 시설의 호스트를 꾸준히 찾아내고 있다.

CHAPTER 7

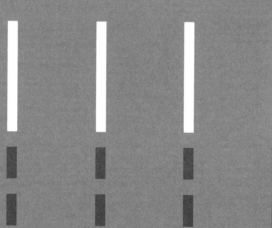

핀테크

비트메인 Bitmain Technologies

035

가상화폐 채굴 장치
중국
기업 가치: 120억 달러(14조 4000억 원)

비트코인 채굴의 우승자

금을 캐려고 몰려든 사람들보다 그들의 작업복을 만들어 판 미국의 리바이스가 더 많은 돈을 벌었다. 19세기 중반 미국의 서해안을 중심으로 발생했던 골드러시. 금을 발견한 사람은 극소수에 불과했지만, 채굴 현장에서 활약하는 사람들에게 튼튼한 작업 바지를 만들어 판 리바이스는 대성공을 거두었다. 리바이스는 이후 데님을 소재로 한 청바지 회사로 발전했다.

최근 큰 주목을 받은 가상화폐의 세계에서 리바이스와 같은 존재가 된 곳이 바로 중국의 비트메인比特大陸科技-Bitmain이다. 그들은 비트코인 등의 가상화폐 '마이닝(채굴)'에 특화된 ASIC(Application Specific Integrated Circuit, 특정한 용도에 맞도록 제작된 주문형 반도체)를 자체적으로 개발했다. 비트메인은 그들이 만든 칩을 탑재한 마이닝 장치를 판매하며 날아다니는 새도 떨어뜨릴 기세로 성장을 거듭하고 있다.

그렇다면 가상화폐의 마이닝이라는 것이 과연 무엇일까. 가상화폐는 일정한 기간마다 모든 거래 기록을 거래 대장에 기록한다. 거래 내용이 정확한지를 검증하기 위해서는 컴퓨터를 사용한 방대한 계산이 필요하다. 가상화폐의 거래 내용을 검증하는 그러한 계산 작업을 마이닝이라고 부르며, 그 대가로 새로 발행한 가상화폐를 얻을 수 있다.

비트메인의 마이닝 장치에 탑재한 반도체는 저소비 전력을 사용하기 때문에 저렴한 전기요금으로 가상화폐를 채굴할 수 있는 특징이 주목받으며 큰 인기를 얻었다.

비트메인의 가상화폐 마이닝 장치는 저소비 전력을 특징으로 내세워 급성장했다.

가상화폐의 가격 변동에 취약하다

2018년 가상화폐의 시세가 급락했다. 이로 인해 가상화폐 채굴 사업을 하는 기업의 실적도 악화되어 사업을 축소하거나 철수하는 사례도 늘어났다. 비트메인의 마이닝 장치 수요도 크게 줄었다. 하지만 2019년 4월부터 비트코인의 가치가 오르기 시작해, 5월에는 다시 가격이 급등했다.

이처럼 가상화폐의 시세가 출렁이는 불안정한 환경 속에서 비트메인이 안정적인 성장을 계속하기 위해 극복해야 할 과제도 많이 남아 있다.

크레디트 카르마 ^{Credit Karma}

036

신용정보 서비스
미국
기업 가치: 40억 달러(4조 8000억 원)

개인의 신용평가점수 무료 관리로 급성장하다

신용(Credit)점수를 감시한다는 독특한 서비스를 제공하며 급성장한 벤처기업이 미국에 있다. 샌프란시스코에 본사를 둔 크레디트 카르마^{Credit Karma}다. 미국에서는 8500만 명 이상이 이용하고 있으며, 2018년 기준 기업 가치는 40억 달러(4조 8000억 원)로 평가받았다.

일본에서는 신용점수에 관한 관심이 그다지 높지 않지만, 생활하는 데 있어 매우 중요한 요소의 하나다. 예를 들면, 금융 기관의 신용도가 높은 사람은 주택이나 자동차 구매를 위한 대출이 쉽고, 낮은 금리 등의 조건도 좋다.

크레디트 카르마에 등록하면 자신의 신용평가점수가 얼마인지 바로 확인할 수 있다. 신용평가점수가 떨어지면 주의하라는 알림 서비스도 제공한다.

그뿐 아니라 자신의 신용평가에 영향을 미치는 항목과 그것들을 개선하기 위해 어떤 대책을 세워야 하는지도 알 수 있다. 지금까지 개인의 신용평가점수는 별도의 비용을 내야 했지만 크레디트 카르마를 이용하면 무료다.

개인 사용자는 무료, 금융 기관의 수수료가 수입의 원천

크레디트 카르마는 개인의 신용평가점수에 따라, 그 사람에게 혜택이 큰 금융 기관의 대출 상품 등을 소개한다. 금융 기관에 이용자를 연결해주고 받는 수수료로 수익을 확대하는 구조다. 이용자는 서비스 이용이 무료인 데다 자신에게 유리한 금융 상품을 선택할 수 있고, 금융 기관도 고객을 끌어모으기 쉬운 시장에 접근할 수 있어 앞으로 크레디트 카르마의 성장세는 멈추지 않을 것 같다.

창업자이자 CEO인 케네스 린은 중국 태생이다. 4살 때 부모님과 함께 미국으로 이주했다. 미국의 보스턴대학 졸업 후, 신용카드 업계 등에서 근무하다가 2007년 크레디트 카르마를 설립했다.

크레디트 카르마는 구글 캐피털과 타이거 글로벌 매니지먼트로부터 고액의 투자를 유치하여 사업을 확대하고 있다. 무료 세무 신고 서비스, 신용평가정보 오류 수정 서비스도 제공하고 있다.

037

피나텍스트 ^{Finatext}

금융 정보 서비스
일본
기업 가치: 342억 엔(3420억 원)

주식 애플리케이션과 금융 정보 빅데이터 분석

가입한 이용자가 약 25만 명에 달하는 일본 최대의 모바일 주식 커뮤니티 '내일 주식!(asukabu)'. 이용자가 매일매일 주가 예상 등의 정보를 교환하고, 주식투자 경험이 없는 초보자를 투자가로 데뷔시키기 위한 애플리케이션이다.

이와 함께 주식 초보자가 신용 거래를 배울 수 있는 '진짜 트레이닝!(majitore)'이라는 게임 감각의 주식 거래 학습 애플리케이션도 제공하며 큰 주목을 받는 곳이 피나텍스트^{Finatext}(도쿄, 치요다)다.

피나텍스트는 도쿄대학 내의 핀테크 벤처기업으로 시작했다.

2013년 창업자이자 현재 사장인 하야시 료타가 피나텍스트를 설립했다. '금융을 서비스로 재발명한다'라는 미션을 내걸고 게임 요소를 적용한 스마트폰 전용 서비스를 개발하고 있다. 젊은 층을 주요 고객으로 삼아 SNS형 애플리케이션을 제공하며 이용자를 확대해 왔다. 주식 거래 애플리케이션 '스트림STREAM'도 구축하여 2018년부터 현물 거래 서비스도 시작했다. 현물 거래뿐 아니라 신용 거래도 주식 위탁 수수료 없이 무료로 제공한다.

스트림도 SNS의 형태로 구성되어 이용자끼리 교류하기 쉽다는 특징이 있다. 주식 거래는 복잡하다는 이미지가 강한데 그 부분을 보완하여 간단하고 쉽게 구현했다. 그뿐 아니라 사용자끼리 직접 얼굴을 맞대고 투자 기술을 연마하는 '스트림캠프(STREAM CAMP)'라는 오프라인 행사도 개최한다.

피나텍스트는 이처럼 '내일 주식!'으로 획득한 이용자를 자연스럽게 스트림 이용자로 끌어들이고 있다. 2018년 이동통신사 KDDI(au) 등에서 60억 엔(600억 원)을 투자받아 각각의 애플리케이션 기능을 강화하는데 활용할 예정이다.

빅데이터를 활용한 경제 분석 플랫폼

피나텍스트는 다른 그룹의 회사인 '나우캐스트'에서 빅데이터를 활용한 경제 분석 플랫폼을 제공한다. 2018년에는 CCC 마케팅과 협업도 진행했다. 피나텍스트의 6500만 명에 달하는 회원과 7조 엔(70조 원)을 웃도는 구매 데이터를 나우캐스트의 빅데이터 분석 노하우와 융합해, 상장기업의 매출액을 예측하는 서비스를 제공하려고 준비 중이다.

※ 피나텍스트는 일본경제신문사에서 출자했다.

프리 freee

038

클라우드 회계 서비스
일본
기업 가치: 652억 엔(6520억 원)

클라우드를 활용한 새로운 회계 시스템

시즈오카시 교외의 녹차 농원 '카와바타원'. 2019년 4월의 어느 날, 아버지와 함께 녹차 밭에서 일하던 사토 히로유키 씨의 스마트폰 알림 소리가 울렸다.

"아버지, 이번 달에 홈 센터에서 10만 원 이상 구매하셨던데 뭘 사신 거예요?" 화면을 확인한 히로유키 씨는 옆에 있던 아버지에게 이렇게 물었다. 스마트폰 소리는 농원에서 회계 업무에 사용하는 클라우드 시스템 '회계프리'의 알림으로, 이번 달에 사용한 신용카드 목록을 장부에 자동으로 기재했다는 연락이었다.

2018년 1월 철강 회사를 퇴사하고 아버지의 농원을 돕게 되었을 때, 히로유키 씨가 가장 놀랐던 일은 산더미 같은 영수증이었다. 녹차 밭일로 바쁘기도 했지만, 아버지는 회계에 둔감했다. 확정 신고 시기가 되면 1년 동안 모아놓은 영수증과 격투를 벌여야 했다. 그래서 '클라우드 회계' 서비스를 도입했다. 인터넷이 연결되어 있으면 스마트폰으로도 회계 처리를 할 수 있다. 이것은 인터넷과 금융이 융합된 핀테크 기술의 하나다.

히로유키 씨는 "밭에서 작업하거나, 작업에 필요한 물건을 사거나, 어쨌든 농가는 밖에서 하는 일이 많아 조용히 사무 작업을 할 시간이 없죠. 어디서든 작업할 수 있는 클라우드 회계는 농가에 딱

녹차 밭일 도중에 '회계프리' 스마트폰 화면을 보며 아버지와 이야기를 나누는 사토 히로유키 씨.
(사진=스야마 쓰토무)

맞춤입니다"라고 말했다. 영수증을 스마트폰 카메라로 촬영하기만 하면 무엇을 얼마에 샀는지 자동으로 장부에 기록하고 회계 분개도 해준다.

일주일 걸리던 확정신고가 하루 만에 종료

회계프리를 쓰며 매달 매출과 경비를 실시간으로 파악할 수 있게 되었다. 장부에 기록해 둔 정보를 활용해 납품서나 청구서도 작성할 수 있다. 2018년에는 일주일이나 걸렸던 확정신고 서류 작성이 2019년에는 단 하루 만에 끝이 났다.

이 서비스를 제공하는 곳은 벤처기업인 프리freee(도쿄, 미나토)다. 미국 구글에서 일본 및 아시아·태평양 지역의 중소기업 마케팅을 총괄한 경험이 있는 사사키 다이스케가 2012년에 설립한 사스SaaS에 소속된 회사다. SaaS란 'Software as a Service'의 약자다. 지금까지는 PC나 태블릿 단말기에 설치해야 사용할 수 있었던 소프트웨어를 인터넷을 통해 이용하는 서비스다. 직접 소프트웨어를 설치하지 않아도 인터넷상에서 문서를 작성하는 '구글 도큐먼트'도 SaaS의 한 형태다.

비즈니스용 SaaS도 확대되고 있는데, 특히 회계 서비스는 개인 사업자들 사이에서 인기가 높다. 프리도 2014년부터는 급여 계산과 같은 인사노무관리 서비스도 시작했다. 사용 요금은 개인의 경우 월 980엔, 법인은 2,380엔부터 시작한다. 처음 설치할 때 수만 엔이 드는 시중의 소프트웨어 제품에 비해 손쉽게 도입할 수 있다. 필요한 기능만 골라서 사용할 수 있고, 서비스 선택에 따라 매월 요금도 낮출 수 있다.

리크루트와 미쓰비시UFJ은행의 투자

혁신 기업으로 주목받는 사스의 프리는 지금까지 리크루트와 미쓰비시UFJ은행 등에서 약 161억 엔(1610억 원)에 달하는 투자를 받았다. 장래가 촉망한 유니콘 기업(기업 평가액이 10억 달러 이상의 미상장 스타트업)으로 평가받는다.

다음 단계로의 진행 상황을 묻자 사사키 CEO는 "기업의 자금 조달이나 채용과 같은 경영에 직접 관련한 기능을 추가하고 싶다"라고 말했다. 회계 자료를 여신 정보로 활용한 자금 조달 수단의 다양화나 인사 노무 정보를 바탕으로 한 채용 매칭 등 현장에 도입할 수 있는 서비스는 아직도 많이 남아 있다.

039

루파스 ^{Lufax}

금융 중개 서비스
중국
기업 가치: 394억 달러(47조 2800억 원)

인터넷으로 개인 간의 금융 거래 중개

인터넷으로 개인 간의 금융 거래를 중개하는 'P2P(Peer to Peer) 금융'을 대표하는 기업이 중국의 루파스^{陸金所-Lufax}다. 중국 굴지의 주식 시가 총액을 자랑하는 평안보험^{平安保險}의 산하 조직으로 급성장세를 이어왔다.

2018년 말 현재, 등록 이용자 수는 4000만 명을 돌파했고 대출 금액도 큰 폭으로 확대되었다. 이는 대출자의 연체율이 낮고 기업의 건전성을 높이 평가받았기 때문이다.

루파스는 개인뿐 아니라 중소기업을 위한 대출에도 힘을 쏟고 있다. P2P 금융으로 대출 계약이 성립한 경우 중개 수수료를 받는 비즈니스 모델이다.

중국에는 은행에서 직접 돈을 빌리지 못하는 금융 리스크가 높은 계층의 대출 수요가 많다. 다만 빌려준 돈을 떼일 가능성도 커서 그것을 정확히 판별할 수 있는 신용 판단 방법이 필요하다.

루팍스는 4억 명이 넘는 빅데이터를 활용한다. 대출자의 신용 상황이나 신원 정보, 대출 희망 금액, 대출금의 용도 등 다양한 데이터를 분석하여 위험성을 판단하는 시스템을 구축하고 있다.

돈을 빌려주려고 루팍스에 사람들이 모여드는 이유는 이곳이 유망한 투자처라고 판단하기 때문이다. 중국의 P2P 금융 대출의 금리는 연평균 10%에 달하는 것으로 알려져, 은행의 정기 예금 등과 비교해 높은 이자 수익을 기대할 수 있다. 루팍스가 급속하게 존재감을 드러낸 배경에는 이처럼 돈을 빌려주는 사람과 빌리는 사람 모두에게 큰 장점이 있기 때문이다.

P2P 금융이 부정행위 등에 악용되는 문제가 자주 발생하며 중국 정부는 규제를 강화하고 있다. 이자 상한을 마련하는 등 위법 단속이 강화된 점은 루팍스와 같은 대형 기업에는 오히려 순풍이 될 것 같다.

040

몬조^{Monzo}

모바일 은행
영국
기업 가치: 13억 달러(1조 5600억 원)

영국의 지점 없는 디지털 은행

지점이 없는 '디지털 은행'으로 불리는 새로운 형태의 은행이 영국
에서 주목받고 있다. 스마트폰 애플리케이션으로만 영업하는 이 독
특한 은행의 이름은 몬조^{Monzo}다. 매주 3만 5,000명이 몬조에서 계
좌를 개설하며 계좌 수는 이미 150만 개를 넘어섰다고 한다.

　2015년에 설립한 이후, 2016년 크라우드 펀딩 등을 통해 투자금
을 모아 사업을 본격적으로 전개했다. 처음에는 선불카드 사업으로
시작했는데, 2017년 영국에서 정식으로 은행업 허가를 받으며 은
행 계좌 카드를 발행하게 되었다.

디지털 은행을 표방하는 몬조의 스마트폰 애플리케이션은 편리함이 강점이다.

스마트폰으로 10분이면 은행 계좌를 만들 수 있다

몬조의 가장 큰 장점은 간단하게 은행 계좌를 만들 수 있다는 점이다. 스마트폰으로 10분 정도면 계좌를 개설할 수 있다. 영국에서 발급받기 어려운 주소지 증명서가 없어도 여권처럼 본인을 확인할 수 있는 신분증으로 대체할 수 있는 구조다. 외국인 노동자나 유학생 등 현지 은행에서 계좌를 개설하는 데 장벽이 높은 사람들에게 큰 인기를 얻고 있다.

조작성이 뛰어난 인터페이스로 사용하기 편리하다는 점도 높은 평가를 받았다. 스마트폰으로 간단히 다른 계좌로 송금할 수 있을 뿐 아니라 얼마가 들어오고 나갔는지 계좌의 입출금 내용도 바로 파악할 수 있다. 직장 동료나 친구와 함께 레스토랑 등에서 밥을 먹은 경우, 몬조의 앱으로 상대방에게 송금하면 간단히 각자의 몫을 계산할 수도 있다.

최고의 인기는 가계부 기능

가계부 기능도 인기다. 몬조 애플리케이션에서는 매월 지출할 예산을 설정하고, 무엇에 얼마나 사용했는지도 일목요연하게 파악할 수 있다. 만약 예산을 너무 많이 사용하면 경고해 주는 기능도 있어 이용자는 낭비를 줄일 수 있다. 실제로 몬조를 이용하고 나서 매월 지출액을 절약했다는 사람도 많다.

'The bank of the future(미래 은행)'의 모습을 꿈꾸는 몬조. 별도의 지점을 개설하지 않고 절감한 비용으로 애플리케이션의 기능을 충실하게 갖추거나, 사용 편리성을 개선하는 데 경영 자원을 집중할 것이라고 말한다. 미래 은행을 꿈꾸는 몬조는 구태의연한 이미지가 강한 은행업계의 모습을 급격하게 변화시키고 있다.

오리가미 ^{Origami}

041

스마트폰 결제
일본
기업 가치: 325억 엔(3250억 원)

경쟁이 커지는 스마트폰 결제의 선구자

현금이나 카드가 없어도 스마트폰으로 결제할 수 있다. 오리가미
^{Origami}(도쿄, 미나토)는 일본에서 급속도로 퍼진 스마트폰 결제 서비스
의 하나인 '오리가미페이(Origami Pay)'를 제공하는 기업이다.

계산할 때 점원에게 "오리가미페이로 하겠습니다"라고 말하면,
계산대에 QR코드가 뜨는 데 그것을 스마트폰으로 스캔하면 바로
결제가 된다. 신용카드처럼 서명하거나 비밀번호를 입력할 필요가
없다.

가전 매장, 편의점, 잡화점, 백화점, 옷가게, 음식점, 선술집, 택시,

스키장 등 이용할 수 있는 장소가 급속도로 확대되고 있다. 결제 금액은 사전에 등록한 은행 계좌나 신용카드에서 이체되는 구조다. 오리가미는 은행과의 협업도 활발히 진행하고 있어 미쓰이스미토모은행, 미즈호은행, 이온은행 등과 제휴하고 있다.

이용자를 확대하기 위해 오리가미는 '오리가미로 반값'이라는 할인 행사에 힘을 쏟았다. 덮밥 체인 요시노야, 치킨 전문점 켄터키 프라이드 치킨 등 다양한 가맹점에서 오리가미 페이로 결제하면 반값이 할인된다. 기간 한정이거나 상한액이 설정된 때도 있지만, 이를 통해 오리가미의 인지도를 높이는 데 주력하고 있다.

소프트뱅크그룹, 라인, 라쿠텐, 도코모와 격돌

스마트폰 결제 시장의 경쟁이 격심해지고 있다. 오리가미는 다른 기업에 앞서 2016년부터 오리가미페이 서비스를 시작했지만, 경쟁사들이 속속 등장했다. 2018년 연말에는 소프트뱅크와 야후가 공동으로 참여한 '페이페이(PayPay)'가 '고객에게 100억 엔 드림 캠페인'이라는 명칭의 행사를 시행했다. 결제액의 20%를 포인트를 환원하는 성대한 행사로 순식간에 지명도를 높였다. 라인도 '라인페이(LINE Pay)'의 적극적인 포인트 환원 캠페인으로 대항했다. 그뿐 아니라 라쿠텐의 '라쿠텐페이(Rakuten Pay)'나 NTT 도코모의 'd결제'도 지지 않으려고 공세를 강화하고 있어, 마치 난세의 영웅들이 서로 세력을 과시하며 대립하는 상황이 되고 말았다.

스마트폰 결제 서비스 자체는 편리함을 인정받아 앞으로도 계속 커질 전망이다. 하지만 자금력이 큰 대기업들이 속속 참가하며 생존 경쟁도 치열하다. 스마트폰 결제의 선구자로서 오리가미가 어떤 성장 전략을 내세울지 시험 무대가 되고 있다.

페이티엠(Paytm)

One97 communications

042

스마트폰 결제
인도
기업 가치: 160억 달러(19조 2000억 원)

인도 노점에서도 사용할 수 있는 스마트폰 결제

중국과 어깨를 나란히 하는 인구 13억 명의 거대 시장 인도. 다양한 언어나 종교가 혼재하는 인도에서 급속도로 존재감을 확대하고 있는 전자 결제 벤처기업이 있다. 바로 페이티엠^{Paytm}이다.

    QR코드를 활용한 스마트폰 결제가 주력 서비스로 가맹점 수는 인도 전역에서 700만 곳을 돌파했다. 휴대전화, 공공요금, 여행, 영화, 슈퍼, 레스토랑, 길거리 노점까지 곳곳에서 페이티엠을 이용할 수 있게 되었다.

페이티엠으로 인도의 많은 노점에서도 결제할 수 있다.

　인도에서 페이티엠의 스마트폰 애플리케이션을 이용하는 사람은 3억 명을 넘어섰다. 2017년에는 전년 대비 44% 늘어난 120억 달러(14조 4000억 원)의 매출을 올리며, 인도 모바일 전자결제 시장의 선두주자가 되었다. 페이티엠은 인도의 모바일 결제 건수에서 60%의 점유율을 차지하고 있다.

　창업자 겸 CEO는 1978년생인 비자이 셰카르 샤르마. 델리공과대학 재학 중에 인터넷 비즈니스 사업을 시작한 이후, 2010년 페이티엠의 모회사인 One97 communications를 설립했다.

　처음에는 선불 휴대폰의 잔액이 떨어지면 추가로 입금하는 서비스 사업으로 시작했다. 하지만 인도에서 스마트폰이 급속히 보급되며, 애플리케이션에 은행 계좌를 등록하면 QR코드를 사용해 간단하게 결제할 수 있는 시스템을 고안했다.

뛰어난 소프트웨어 기술력으로 QR코드의 인식률을 높인 페이티엠은 간편하게 결제할 수 있다는 점이 인기를 얻으며 순식간에 보급되었고, 이용자와 가맹점 수도 폭발적으로 증가했다.

알리바바와 버핏을 매료시키다

2015년에는 인도의 타타그룹을 이끄는 라탄 타타가 투자했고, 같은 해 중국의 알리바바그룹에서도 많은 투자를 했다. 2017년에는 소프트뱅크로부터 14억 달러(1조 6800억 원)의 투자를 받았다. 이어 2018년에는 미국의 유명한 투자가 워런 버핏이 이끄는 버크셔 해서웨이가 투자하며 전 세계에 페이티엠의 이름을 널리 알리게 되었다.

일본 내에서 소프트뱅크와 야후가 공동으로 전개하는 스마트폰 결제 서비스 '페이페이'도 페이티엠의 기술을 사용한다. 스마트폰의 카메라 성능이 떨어지는 인도에서조차 높은 인기를 얻은 QR코드 인식의 정밀도 등 뛰어난 소프트웨어 기술을 높이 평가했기 때문이다.

현금에 의존하던 인도 사회에 모바일 결제라는 큰 변화를 불러온 페이티엠의 기술은 이제 선진국에서도 빛을 발하고 있다.

레볼루트 ^{Revolut}

043

스마트폰 은행
영국
기업 가치: 17억 달러(2조 400억 원)

외화 환전 수수료의 가격 파괴

해외로 여행을 떠나는 사람들의 불만 중 하나가 환전이다. 외화로 교환할 때 드는 비싼 수수료 탓에 어쩐지 손해를 보는 듯한 기분이 들기 때문이다.

이러한 환전 수수료 고민을 말끔히 해결해주는 새로운 은행이 탄생했다. 영국의 벤처기업 몬조와 마찬가지로 스마트폰으로 모든 은행 서비스를 제공하는 레볼루트^{Revolut}다.

레볼루트의 특징은 일단 계좌를 개설하고 입금하면, 전 세계 30여 개의 다양한 화폐를 저렴한 수수료로 환전할 수 있다는 점이다.

미국 달러, 영국 파운드, 유로, 일본 엔화 등 주요 화폐의 교환 환율(평일)은 은행 간 환율에 0.5%의 수수료를 더했을 뿐이다. 공항 등의 은행 창구에서 환전할 때 드는 수수료(3~10% 정도)와 비교하면 무척 저렴하여서 이용자에게 매우 유리하다.

다만 매월 5,000파운드(775만 원)가 상한액으로 설정되어 있어, 이 금액을 초과하면 추가로 0.5%의 환율 수수료가 발생한다. 그래도 유학이나 주재, 여행 등으로 해외에 머무는 개인이 손쉽게 이용할 수 있는 서비스라고 할 수 있다.

가상화폐도 다루고 있어 비트코인, 라이트코인 등 다섯 가지 가상화폐도 교환할 수 있다. 또한, 국제 ATM에서 레볼루트의 현금 카드를 사용하면 출금 수수료도 절감된다. 매월 최고 200파운드(31만 원)까지 무료로 찾을 수 있다.

그뿐 아니라 해외 송금 수수료도 매월 5,000파운드까지는 무료다. 일본의 대형 은행에서 해외로 송금할 때, 예를 들어 미쓰이스미토모은행의 경우 4,000엔의 해외 송금 수수료와 2,500엔의 관계 은행 수수료가 발생한다는 점을 고려하면 매우 저렴한 느낌이 든다.

모든 것을 스마트폰으로 처리하여 사용이 편리하고, 수수료도 싸기 때문에 이용자가 급증했다. 이미 이용자는 400만 명에 달한다. 새로 생긴 은행 벤처기업인만큼 부도 위험성도 우려되지만, 고객의 예금은 유럽예금보험제도(EDIS)에서 최대 10만 유로(1억 3000만 원)까지 보호된다고 한다.

수입은 프리미엄 회원과 법인 회원의 수수료

물론 은행 수수료 파괴라는 새바람을 일으켜도 회사가 지속해서 이익을 얻지 못하면 사업이 성립하지 않는다. 그렇다면 레볼루트는 어떻게 이익을 낼까? 레볼루트가 자세한 내용을 공개한 것은 아니지만, 프리미엄 회원이나 법인 회원이 내는 매월 수수료나, 결제 수수료 등으로 수입을 얻는 구조인 듯하다.

레볼루트는 2015년 러시아계 사업가 니콜라이 스토론스키 CEO와 블라드 야첸코 CTO가 영국에서 설립한 기업이다. 2018년에는 리투아니아 중앙은행에서 은행업 정식 면허를 받아 EU(유럽연합) 내에서 사업을 본격적으로 전개하고 있다.

다만 해외 송금은 항상 자금 세탁 등과 같은 위험을 동반한다. 레볼루트는 의심스러운 송금 처리는 정지하도록 설계한 시스템이 있지만, 그것을 활성화하지 않는다는 고발도 있었다.

규정 위반 문제가 발각되어 2019년 2월에는 당시의 레볼루트 CFO(최고재무책임자)가 사임했다. 금융업계의 혁명아가 장기적인 성공을 이루려면 먼저 신뢰받는 회사 이미지를 만들어야 할 것이다.

044

스트라이프 ^{Stripe}

결제 플랫폼
미국
기업 가치: 225억 달러(27조 원)

세계의 주목을 받는 인터넷 결제 사업의 지배자

스마트폰 전용 애플리케이션을 활용한 차량 공유 서비스, 식료품
배달 서비스, 레스토랑 예약 서비스……. 이처럼 다양한 서비스가
주목받는 가운데, 수면 아래에서 급격하게 세력을 확대하고 있는
회사가 있다. 인터넷 결제를 지원하는 미국의 벤처기업 스트라이프
^{Stripe}다.

전 세계 10만 개 이상의 회사가 사용하는 스트라이프 서비스의
강점은 애플리케이션 등의 개발자가 프로그램에 쉽게 결제 시스템
을 추가할 수 있는 점이다. '몇 줄의 코드를 넣기만 하면 결제가 가

능해진다'라고 한다.

스마트폰의 OS는 두 개의 큰 세력이 점령하고 있다. 스트라이프는 'iOS'와 'Android'라는 플랫폼에 맞추어 애플리케이션이나 웹 사이트에서 클릭으로 간단하게 구매할 수 있는 기술이다.

예를 들면, 차량 공유 서비스로 유명한 미국의 리프트^{Lyft}도 스트라이프의 고객이다. 미국의 우버 테크놀로지스^{Uber Technologies}의 경쟁 기업으로 알려진 리프트는 200만 명이 넘는 차량 등록 운전자를 중심으로 하루에 300만 번 이상의 차량 공유 서비스를 제공한다. 리프트는 다양한 장소에서 스마트폰을 통해 발생하는 대량의 요금 지급 처리에 스트라이프의 기술을 이용하고 있다.

구독 형태의 비즈니스에도 대응

정기적으로 요금을 내는 서브스크립션(구독) 형태의 비즈니스에도 대응하고 있다. 스트라이프 측에서 이용자 등록 절차를 대행한다. 고객이 자동납부 플랜에 등록하면, 스트라이프가 청구를 대신하는 것이다. 쿠폰 등을 이용한 할인, 취소, 플랜 변경, 유효 기간 만료와 같은 신용카드 정보의 자동 갱신에도 대응하고 있어, 기업은 안심하고 스트라이프에 결제 서비스를 맡길 수 있다.

인터넷 거래에서 가장 중요한 요소는 안전과 안심이다. 소유자가 모르는 사이에 신용카드 정보를 도난당해 다양한 인터넷 공간에서 부정적으로 사용될 위험이 있다. 스트라이프는 이러한 부정한 사용을 AI로 점검한다.

만약 어떤 카드가 최근 24시간 이내에 여러 나라에서 사용되고 있으면, 부정 사용의 가능성이 크다고 판단하여 결제하지 못하도록 막는 시스템이다. 카드를 사용하지 못하게 된 경우에는 AI가 왜 그렇게 판단했는지 이유를 설명하여 이용하는 기업의 투명성도 높아진다.

스트라이프는 2011년 아일랜드 출신의 패트릭 콜리슨과 존 콜리슨 형제가 설립했다. 그들의 장래성에 주목한 미국 실리콘밸리의 유명한 VC(벤처캐피털) 세쿼이아 캐피털, 페이팔의 공동 창업자인 피터 틸, 테슬라 CEO인 일론 머스크 등으로부터 투자를 받았다.

인터넷 결제의 개척자가 인정한 장래성

인터넷 결제의 개척자로 급성장한 페이팔의 창업자가 투자했다는 사실은 스트라이프의 높은 가치와 장래성을 상징한다. 스트라이프는 일반 소비자나 고객 기업이 눈치채지 못하는 '스텔스'로 결제 서비스를 제공하는데, 스마트폰이 보급되며 커지는 거대한 인터넷 결제 시장의 보이지 않는 지배자로서 존재감을 더욱 높이고 있다.

CHAPTER 8

로봇·사물인터넷

C3 IoT ^{C3 IoT}

045

산업용 IoT 소프트웨어
미국
기업 가치: 14억 달러(1조 6800억 원)

AI로 산업용 기계 데이터를 분석하여 효율성을 개선하다

IoT(사물인터넷)가 산업용 기계나 공장의 모습을 바꾸고 있다. '제4차 산업혁명'이나 '산업 인터넷(Industrial Internet)'이라는 키워드가 화제로 떠오르는 가운데 산업 현장의 IoT가 더욱 주목받고 있다.

이 분야에서 존재감을 드러내는 곳이 미국 샌프란시스코에 본사를 둔 벤처기업 C3 IoT로 AI와 빅데이터를 활용하여 산업용 기계의 고장 가능성 등을 분석한다. 예측 데이터에 기초한 기계 보수나 관리는 물론 생산 설비 운용의 최적화, 전력과 같은 에너지 관리 등 소프트웨어 플랫폼을 제공한다. 인터넷 연결로 얻을 수 있는 많은 산업용 기계의 빅데이터를 분석하여, 공장 설비의 운용 효율성을 높이고 비용을 절감할 수 있다.

2018년 5월에는 미국의 반도체 업체인 인텔과 AI를 이용한 소프트웨어 및 하드웨어 업무 제휴를 발표했다. 금융 서비스업, 광산업, 석유·가스 산업, 헬스케어, 제조업, 항공 우주, 방위, 공공 부문 등 다양한 분야의 활용을 시야에 넣고 있다.

C3 IoT의 창업자는 토마스 시에벨이다. 1993년에 CRM(고객관계관리) 소프트웨어 회사인 시에벨 시스템스를 설립했고, 2006년 그것을 미국의 오라클에 매각한 것으로 유명하다. 시벨의 CRM 소프트웨어는 당시 높은 점유율을 확보하며 IT업계에서 좋은 평가를 받았다.

헬스케어와 금융 서비스로 고객을 확대하다

2009년 설립된 C3 IoT는 처음에는 전력이나 가스와 같은 에너지 회사의 산업용 기기에 설치한 많은 센서를 통해 데이터를 수집했다. 이후 AI의 기계학습을 활용한 빅데이터 분석 기술을 개발하여 꾸준히 고객을 확보해 왔다. 이러한 경험을 살려 제조업을 비롯해 헬스케어, 금융 서비스 등에 적용할 수 있는 소프트웨어 개발로 다양한 분야에 진출하고 있다.

산업용 IoT에 주력해 온 제너럴 일렉트릭(GE)은 실적 부진의 늪에 빠져 앞이 보이지 않는 상태다. 이러한 상황에서 C3 IoT는 사물 인터넷 분야에서 공세를 강화해 성장을 위한 가속도를 높이고 있다.

046

카본 Carbon

3D 프린터
미국
기업 가치: 18억 달러(2조 1600억 원)

아디다스를 매료시킨 초고속 3D 프린터

'3D 프린터로 운동화를 생산한다.' 독일 스포츠용품 업체인 아디다스가 이러한 독특한 전략을 가속화하고 있다. 3D 프린터로 생산하는 제품은 차세대 신발의 중창(미드솔)인 '아디다스 4D'. 이전의 창은 금형을 써서 수지 등의 소재를 성형한 '폼 소재'를 썼지만, 새로운 창은 3D 프린터로 제작해 수지가 입체적인 그리드(격자) 상태의 구조로 설계되어 있다.

촘촘한 그리드는 스프링과 같은 추진력을 얻을 수 있을 뿐 아니라 착지할 때의 충격도 분산시켜 준다. 그리드는 달리기뿐 아니라

3D 프린터로 입체적인 그리드 형태의 창을 제조했다(왼쪽). 3D 프린터에서 제조한 창을 탑재한 아디다스 신발(오른쪽).

훈련할 때도 반동을 이용해 움직임을 지원한다. 금형으로는 실현하기 어려운 특수한 구조로 기존의 폼 소재에는 없는 뛰어난 성능을 구현해냈다. 장기적 관점에서 보면 개인마다 다른 발 모양에 따라 고객 맞춤형 신발을 제조할 가능성도 있는 기술이다.

아디다스의 '2018년 말까지 10만 켤레'라는 대규모 생산을 실현한 기계는 미국의 벤처기업 카본Carbon이 개발한 3D 프린터다. 지금까지 3D 프린터는 시제품 제작에는 적합해도 생산에는 부적합하다는 이미지가 강했다. 3D 프린터를 사용하면 제조에 시간이 걸려 생산 효율성이 떨어지기 때문이다.

기존 속도의 최대 100배로 제조할 수 있다

카본이 개발한 3D 프린터는 기존 속도의 최대 100배로 제품을 제조할 수 있다. 카본은 'CLIP(Carbon 3D's layerless continuous liquid interface production technology)'라는 기술을 사용한다. 산소투과성광학액체수지라는 재료를 이용해 쿠션감, 안정성, 내구성도 높였다.

기존 3D 프린터에서는 얇은 층을 쌓아 올리는 '적층 조형' 형태가 많았다. 이에 반해 카본의 CLIP은 먼저 용기 안에 발광다이오드(LED)의 빛을 쬐면 굳어지는 광경화성 수지를 넣는다. 그리고 미리 설계한 디지털 정보에 따라 LED 빛을 비추면, 수지가 굳어져 연속적으로 조형되는 구조다. 이 기술을 도입하여 고속 생산이 가능해진 것이다.

일체 성형으로 내구성 향상과 비용 절감 실현

카본의 3D 프린터를 실제 제품 생산에 쓰려는 움직임이 여러 분야로 확산되고 있다. 예를 들면, 가정이나 가게에서 주스 등을 만들 때 사용하는 블렌더로 유명한 미국의 바이타믹스^{Vitamix}. 이 회사는 가게에서 상업용 블렌더를 세척할 때 쓰는 '노즐' 제조에 카본의 3D 프린터를 활용하고 있다. 기존의 노즐은 여러 부품을 조합해서 제조해야 했지만, 3D 프린터를 사용하면 일체 성형이 가능해 10배 이상의 내구성과 30%의 비용을 절감할 수 있다고 한다.

혁신적인 3D 프린터로 약진하는 카본. 시제품을 제작할 필요 없이 바로 생산이 가능한 기술로 세밀한 설계 변경도 쉬워 제조업의 상식을 근본적으로 바꿀 가능성이 점쳐진다.

디제이아이^{DJI}

047

드론
중국
기업 가치: 150억 달러(18조 원)

드론의 세계를 지배하는 중국의 왕자

공중 촬영, 수송, 농약 살포, 군사, 취미 활동 등 다양한 분야에서
순식간에 확산된 드론(소형 무인기). 글로벌 드론 시장에서 70%가
넘는 점유율을 자랑하는 기업이 중국의 디제이아이大疆創新科技-DJI다.
2018년 9월에 스카이로직 리서치Skylogic Research가 발표한 보고서에
따르면 2018년 디제이아이의 드론 점유율은 74%로 타사와 경쟁
에서 한 걸음 멀리 달아났다.

　일반 소비자용에서 전문가용, 산업용까지 폭넓은 제품의 라인업
을 자랑한다. 일반용으로는 접어서 쉽게 이동할 수 있는 콤팩트한

형태의 '매빅(Mavic) 시리즈'나 소형의 다기능 드론 '스파크(Spark) 시리즈' 등을 판매한다. 50~200만 원 정도의 가격대로 빅카메라 BicCamera 와 같은 가전 매장에서 판매하고 있다.

전문가용으로 2000만 원이 넘는 '인스파이어(Inspire) 시리즈'도 판매한다. 4K 카메라를 탑재했으며 HD 동영상 전송 시스템이 일체화된 영화 제작용 드론이다. 영상 제작 시장에서 높은 점유율을 차지하며 디제이아이의 드론 이용이 더욱 확대되고 있다.

산업용으로는 농사 용도에 힘을 쏟고 있다. 드넓은 농지 등에 액체 농약이나 비료, 제초제를 살포하는 드론과 함께 농작물이 순조롭게 성장하는지 생육 상황을 파악하는 데 사용하는 드론도 판매하고 있다.

에너지 분야에서는 대규모의 태양광 발전소나 풍력 발전 터빈,

DJI의 항공 촬영용 '카메라 드론'

석유나 가스 등의 정제 시설, 송전선, 원자력 발전소 설비를 검사하기 위한 드론도 개발했다. 열화상 시스템을 이용하여 온도의 이상이 있는지 없는지를 감지하고, 이상한 점을 신속히 발견하여 수리나 복구 등에 대응한다.

경비와 인명구조, 측량에도 활약

경비나 인명구조 시의 상황 파악, 건설업 분야의 측량 및 시공 관리, 차량 정체 상황 파악 등 드론을 사용한 다양한 솔루션도 제공한다.

디제이아이의 강점은 하드웨어와 소프트웨어 양쪽 모두의 기술을 개발한다는 점이다. 하드웨어의 경우 드론 본체는 물론 온도 센서, 카메라, 촬영할 때의 흔들림을 방지하는 자동안전장치 등도 직접 개발한다. 소프트웨어 분야에서도 지도, 3차원 모델 구축, 데이터 분석, 화상 처리, 데이터 전송 등 다양한 기술을 보유하고 있다.

디제이아이는 2006년 홍콩과기대학 출신의 프랭크 왕이 주축이 되어 설립한 회사다. 그 후 본사를 중국 본토의 선전으로 옮기고 본격적으로 제품 개발에 나섰다. 그곳에서는 일렉트로닉스 산업이 급속히 발전하고 있어 시제품 제작이나 부품 조달이 유리했기 때문이다.

점점 드론 본체와 카메라 등이 일체화되며 버튼 하나로 이착륙시키고, 태블릿에서도 쉽게 제어할 수 있는 올인원 제품 등을 잇달아 개발하여 순식간에 높은 점유율을 차지하게 되었다.

지금은 세계 각국의 군대나 경찰, 소방 관련 등의 공공 기관에서도 디제이아이의 드론을 사용하는 곳이 증가하고 있다. 다른 한편으로는 테러리스트들이 악용하는 사례가 발생하며, 고성능 드론을 손쉽게 사용하는 현실의 폐해가 문제시되고 있다.

더욱이 중국 기업이라는 점에서 군사 목적으로 디제이아이의 드론을 이용하는 것은 안전 보장상의 우려가 있다는 목소리가 미국 등에서 흘러나오고 있다. 그래도 압도적인 점유율을 자랑하며 타의 추종을 불허하는 디제이아이의 드론 기술은 다른 선택 사항이 적다는 점에서 그들의 아성이 쉽게 무너질 것 같지는 않다.

048

바디셰어링 기술
일본

가상현실의 촉감을 실제로 느끼는 기술

가상공간에서 날아온 새가 자신의 손가락에 앉은 순간, 진짜 새와 같은 감각을 느낄 수 있다. 오키나와현의 맹그로브 숲속을 카약을 타고 나아가는 영상을 보면서, 패들을 젓는 동작을 하면 실제 팔에 힘이 들어가, 마치 그 자리에서 직접 노를 젓는 듯한 체험을 할 수 있다……

신체 근육의 움직임을 읽는 광학 센서로 손이나 팔 등의 활동 정보를 컴퓨터와 연계하는 기술을 '바디셰어링'이라고 한다. 이러한 기술을 활용해 가상 체험을 생생한 현실로 구현해낸 벤처기업이

H2L(도쿄, 고토)이다.

H2L은 2019년 1월 NTT도코모와 제휴 계약을 체결했다. 이를 통해 고속으로 대용량 통신이 가능한 5G(제5세대 통신 방식)를 활용하여 바디셰어링 기술을 제공한다고 발표했다. 영상뿐 아니라 몸으로 체감할 수 있도록 H2L의 기술을 이용한 VR(가상현실) 콘텐츠를 제공한다.

향후 VR이나 AR(증강현실) 시장은 전 세계적으로 더욱 확대될 전망이다. 2018년 12월 미국의 조사 기관 IDC가 발표한 자료에 의하면, 2022년의 VR, AR 시장 규모는 1223억 달러(146조 7600억 원)에 달할 것으로 예측되었다. 2017~2022년까지 연평균 70%의 고성장이 예상된다. 현재는 VR 게임이나 영상 콘텐츠 시청, AR 게임 위주이지만, 비즈니스 분야의 이용 확대도 급속하게 늘어날 전망이며,

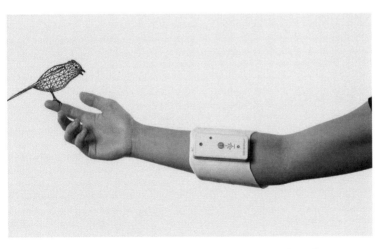

가상 체험을 현실에 가깝게 구현한 H2L의 촉감 게임 컨트롤러

VR을 활용한 트레이닝이나 산업 설비 등의 유지 보수 시장도 확대될 것으로 판단한다.

멀리 떨어져 있어도 실제로 기계를 만지는 느낌

VR 보급이 확산되면 멀리 떨어져 있어도 마치 실제 현장에 있는 것처럼 느낄 수 있다. 따라서 현장 체험 VR 수요가 더욱 늘어날 것으로 예상한다.

특히 기대되는 곳은 산업 분야다. 예를 들면, 가상의 세계에서 멀리 떨어진 공장의 기계를 만지며 실제로 조작하는 듯한 감각을 느끼는 것이다. 이렇게 미리 연습해 두면 실제 현장에 나가 기계를 더욱 안전하고 능숙하게 다룰 수 있다. VR을 활용한 원격 트레이닝은 산업 연수에 가까운 효과를 기대할 수 있다. 이처럼 H2L의 기술은 VR이 확산되는 시대에 다양한 활용 가능성을 보여준다.

049

매트릭스 인더스트리스
MATRIX Industries

온도차 발전
미국

_____

사람의 체온으로 작동하는 스마트워치

2018년 인간의 체온만으로 작동하는 스마트워치가 상품화되었다. 손목에 닿는 면의 온도와 바깥 기온의 온도차를 이용해 발전하는 독특한 구조다. '온도차 발전' 기술을 사용한 스마트워치는 시계 기능 이외에도 이용자의 소비 칼로리, 활동량, 수면 등을 측정할 수 있다.

온도차 발전은 열전발전기가 체온을 전기로 변환하기 때문에 충전이 필요 없다. 스마트워치 이용자의 하루 동안 걸음 수를 자동으로 기록하고 수면의 질도 측정한다. 50m 방수 기능도 있어 착용한

매트릭스 인더스트리스의 '체온으로 작동하는 스마트워치(왼쪽)'와 온도차 발전 장치(오른쪽)

채 수영장이나 바다에 들어가도 아무런 문제가 없다.

스마트워치를 개발한 곳은 미국 실리콘밸리에 본사가 있는 매트릭스 인더스트리스 MATRIX Industries 로 온도차 발전 솔루션을 제공하는 벤처기업이다. 온도차를 전력으로 변환하는 발전기를 독자적으로 개발했다. 전압을 변환하는 DC-DC 컨버터의 ASIC(Application Specific Integrated Circuit, 특정한 용도에 맞도록 제작된 주문형 반도체)도 개발하고 있다.

이러한 온도차 발전 기술을 탑재한 제1호 제품이 스마트워치이며 앞으로 여러 분야의 제품에 응용할 방침이다. 예를 들면 헤드폰이나 보청기 등에 응용할 가능성이 크다고 한다. 소비전력이 작은 '웨어러블' 제품 등에 이용 확대를 노리고 있다.

온도차 발전 장치 및 냉각 기술 개발

매트릭스 인더스트리스가 개발하는 것은 웨어러블만이 아니다. HVAC(Heating, Ventilation, & Air Conditioning, 공기조화기술)에 장착하는 온도차 발전 장치도 만든다. 이것은 상업용이나 주택용 열교환기 유닛에 간단히 덧붙여 탑재할 수 있는데, 높은 에너지 효율을 자랑한다.

매트릭스는 냉각 기술도 개발했다. 이른바 'TEC(열전 냉각기)'라고 불리는 것으로 밀폐 공간을 냉각하는 장치다. 전류를 흘려보내면 한쪽에서 다른 쪽으로 열을 이동시키는 '페르체 효과'를 이용해 열전 변환 장치로 냉각 효과를 낸다.

현재 냉장, 냉동 기술은 주로 가스, 모터, 압축기를 이용하는 경우가 많다. 이에 반해 매트릭스의 냉각 기술은 조용하고 에너지 효율도 높으며 프레온 가스도 필요 없다.

빅데이터 등을 보관하는 서버나 냉장고의 냉장 시스템, 냉장 트럭, EV(전기차)의 배터리를 식히기 위한 열전냉각시스템, 소방관이 입는 자기냉각(자기를 이용하여 저온을 얻는 방법) 기능성 복장, 샴페인을 차갑게 만드는 휴대용 소형 냉장고 등에 활용하려고 적극적으로 시도하고 있다.

미쓰후지 _{Mitsufuji}

웨어러블을 지탱하는 혁신 기술

심박수와 같은 생체 정보를 측정하는 웨어러블 속옷 판매. 2019년 4월 하순, 미쓰후지^{Mitsufuji}(교토부 세이카초)는 속옷 브랜드인 와코루와 공동으로 개발한 신제품을 발표했다.

와코루는 미쓰후지가 개발한 열이나 전기가 전달되는 전도성 섬유와 통신 장치를 삽입한 브래지어를 상품화했다. 일하는 여성들의 건강관리 지원을 목표로, 저가 항공사인 피치 항공사의 협력으로 객실 승무원들의 착용 테스트도 시행했다.

수집한 생체 정보를 가지고 의사의 감수를 받아 메디컬비커넥트

사가 승무원들의 스트레스를 분석했다. 그 결과, 충분한 수면이나 일의 보람을 느끼는지 아닌지, 개인 역량에 맞추어 일이 할당되는지 여부 등이 객실 승무원의 스트레스에 영향을 미친다는 사실을 밝혀냈다.

이러한 웨어러블 기술을 개발하는 기업이 미쓰후지다. 1979년에 설립하여 은도금 전도성 섬유와 웨어러블 IoT 기술 개발과 제조에 힘을 쏟고 있다.

은도금 전도성 섬유는 웨어러블 센서, 전극, 전자파 차단 장치 등에 이용할 수 있다. 따라서 심전도나 심박수 등의 생체 정보를 수집하는 스마트의류에 적합하다고 한다.

미쓰후지가 특히 주력하는 것이 자체적으로 개발한 스마트의류 시스템인 '하몬(hamon)'이다. 심전도나 심박수 등의 생체 정보를 수집하여 예방 등을 통한 이용자의 건강관리 지원이 목표다. 근육의 움직임, 호흡수, 가속도, 온도, 습도 등도 모니터링할 수 있다.

의류, 기계, 애플리케이션도 독자적으로 개발

미쓰후지는 의류뿐 아니라 기계나 애플리케이션, 시스템까지도 독자적으로 개발했다. 예를 들면 의류에 부착하여 생체 정보를 발신하는 소형 트랜스미터(발신기)도 그렇다. 충전식으로 방수 기능도 갖춘 작고 가벼운 제품의 실용화에 성공했다.

미쓰후지는 웨어러블 IoT 기술이 큰 주목을 받으며 의류에 적합한 전도성 섬유 판매를 통해 성장을 꿈꾼다. 조사 기관인 IDC Japan은 2018년 미쓰후지의 웨어러블 기기 출하 대수가 전년 대비 8% 증가한 1억 2500만 대 수준이며, 2022년에는 2억 대에 육박할 것으로 예측했다.

특히 신발이나 의류 제품이 확대되고 있으며, 2022년까지 4년간 연평균 36% 이상의 성장률이 예상된다. 급속하게 확산되는 거대한 시장을 겨냥해 미쓰후지는 공세를 더욱 강화하고 있다.

프리퍼드 네트웍스 Preferred

Networks

051

AI 소프트웨어
일본
기업 가치: 2402억 엔(2조 4020억 원)

도요타를 매료시킨 AI의 작은 거인

도요타자동차, 화낙, 국립암연구센터……. 이처럼 일본을 대표하는 유력 기업이나 연구기관과 차례차례 AI 관련 업무를 제휴하며 주목받는 벤처기업이 있다. 프리퍼드 네트웍스 Preferred Networks(도쿄, 지요다)다.

2014년에 설립된 젊은 기업으로 AI 딥러닝(Deep Learning, 심층기계학습)의 강점을 살려 빅데이터를 효율적으로 활용하는 기술을 개발한다. 자율주행, 산업기기 자율화, 의학 발전 등 다양한 분야를 지원하고 있다.

프리퍼드는 수많은 데이터가 계속 생겨나는 시대에는 '데이터를 한곳에 모아 집중 처리'하는 방식이나 클라우드 컴퓨팅은 적합하지 않다고 지적하며, '엣지헤비컴퓨팅(Edge Heavy Computing)'이라는 분산 협조적 처리 방식의 새로운 컴퓨팅을 강조한다. 이를 위한 플랫폼 제품 개발에 주력하고 있다.

자율주행에도 AI 심층 학습 활용

도요타자동차와는 자율주행과 관련한 기술 제휴를 맺었다. AI의 딥러닝을 활용하여 자동차에 탑재한 카메라로 자동차 외부의 물체가 무엇인지 등을 학습하거나 인식하는 기술을 개발하고 있다. 주행 중이거나 정차해 있는 자동차, 보행자, 자전거, 차선, 신호, 교통 표지판 등을 인식하는 기술이다.

밤낮의 밝기 차이나 비와 눈처럼 날씨에 따라 크게 변하는 상황을 AI가 자동으로 학습한다. 모든 상황에 대응하여 완전 자율주행이 가능한 기술을 개발하고 있다. 무엇보다 도요타가 중시하는 안전한 자율주행 실현을 위해 노력하고 있다.

화낙^{FANUC}과는 산업용 로봇 개발 분야의 제휴를 맺었다. 프리퍼드의 AI 기술을 활용해 로봇 고장을 예측하는 기술을 개발했다. 정상 로봇은 물론 이상이 생긴 로봇이 지금까지 생성해 온 대량의 가동 데이터를 AI가 분석하여, 고장 나기 며칠 전에 미리 감지할 수 있게 되었다고 한다.

의료 분야에도 힘을 쏟고 있다. 예를 들어 유방암은 '맘모그래피' 등의 영상진단 장치를 사용해 검진하는데, 진단 정밀도는 약 80% 수준으로 알려져 있다. 프리퍼드는 영상진단에 혈액 검사를 조합하여 정밀도를 약 90% 수준으로 끌어올렸다. 또한, AI의 딥러닝을 활용해 과거의 통계 데이터를 분석하고 환자 데이터와 대조하면 정밀도를 99%까지 높일 수 있다고 한다.

이제 프리퍼드의 사업은 새로운 단계에 접어들었다. AI 소프트웨어 기술이 강점이라는 이미지가 강하지만, 하드웨어도 독자적으로 개발하기 시작했다.

딥러닝 프로세서도 개발

2019년 2월에는 프리퍼드의 본사가 있는 도쿄 오테마치에 로봇 핸드 등의 시제품을 신속하게 검증할 수 있는 '메카노 공방'이라는 시설을 개설했다. 소프트웨어로 제어하는 로봇 관련 연구 개발에 직접 참여하기 위해서다.

AI를 사용한 빅데이터 처리에 필수적인 반도체 개발에도 나섰다. 심층 학습에 특화된 딥러닝 프로세서로 행렬 연산에 최적화된 'MNCore(엠엔코어)' 칩의 개발이다. 2018년 12월에 열린 전시회에서는 MNCore 칩, 보드, 서버 등 프리퍼드가 독자적으로 개발한 심층 학습용 하드웨어도 공개했다.

프리퍼드는 도요타에서 1000억 원 이상의 투자를 받았고 화낙,

히타치제작소, 미즈호은행, 미쓰이물산 등에서도 200억 원 이상의 자금을 모았다. 프리퍼드는 뛰어난 AI 기술을 활용해 앞으로 일본 기업의 경쟁력 향상에 한층 기여할 것이라는 기대를 한 몸에 받고 있다.

바이캐리어스 ^{Vicarious}

052

로봇 지능화 소프트웨어
미국

인간처럼 사고하고 학습하는 로봇

페이스북의 창업자 마크 저커버그, 아마존닷컴의 CEO 제프 베조스, 테슬라의 CEO 일론 머스크. 이들 모두가 투자한 것으로 알려진 벤처기업이 미국 샌프란시스코에 본사를 둔 바이캐리어스^{Vicarious}다.

'인간 수준의 지능을 가진 로봇을 만든다'라는 바이캐리어스의 비전이 한창 잘 나가는 세계적인 기업의 경영자들을 매료시킨 것이다.

지금까지 산업용 로봇의 대부분은 사전에 프로그래밍한 소프트웨어로 제어해야 했다. 이처럼 로봇을 교육하는 '티칭' 과정은 시간도 돈도 많이 들었다.

그래서 최근 많은 기업이 빅데이터를 분석하는 AI의 딥러닝처럼 로봇 스스로 학습하여 과제를 극복하는 접근법을 채택하고 있다.

하지만 바이캐리어스는 또 다른 접근 방식을 채택하고 있다. 그들은 한정된 수의 사례를 분석해 일반화하는 AI를 개발하고 있다. 인간은 작은 사례를 배우면 그것으로 사물을 일반화하는 능력이 있는데, 이와 같은 능력을 갖춘 AI를 개발할 수 있다고 판단한 것이다.

교사가 필요 없는 학습

딥러닝에서는 빅데이터를 이용한 교사의 가르침이 큰 성과를 올리지만, 바이캐리어스는 '교사가 필요 없는 학습'에 집중한다. 그들은 프로그래밍의 재입력 없이 로봇이 다양한 환경에서 효율적으로 작업하는 인간의 뇌에 가장 가까운 지능을 가진 AI를 지향한다.

시각이나 청각과 관련한 인간 뇌의 일부인 '신피질' 연구를 기반으로 AI 소프트웨어를 개발하고 있다. 인간 뇌의 계산 원리에 기초한 이것은 AGI(Artificial General Intelligence, 범용인공지능)라고 불리는 기술이다.

취급 설명서를 읽고 스스로 이해하여 가구를 조립하는 AI 로봇이 대표 사례다. 이와 같은 범용인공지능을 응용할 수 있는 범위는

넓다. 바이캐리어스의 AI 기술을 활용하면 제조, 농업, 수송, 의료, 물류 등의 분야에서 활약하는 다양한 로봇의 비약적인 성능 향상이 기대된다.

바이캐리어스는 2010년에 설립되었다. 태블릿을 활용한 단시간 설문조사 기술을 개발한 벤처기업의 공동 창업 경험이 있는 스콧 피닉스, AI와 신경과학 연구자인 인도 출신의 딜리프 조지가 설립했다. 지금까지 총 1억 2000만 달러(1440억 원) 이상의 투자를 받아 50명이 넘는 전문 연구자를 고용했다. 2018년 10월에는 미국 실리콘 밸리의 VC(벤처캐피털) 펀드를 통해 일본의 여러 기업도 바이캐리어스에 투자한 것으로 알려졌다.

로봇이 인간처럼 세계를 개념적으로 이해하는 데 필요한 AI 기술의 장벽은 높다. 그래도 바이캐리어스가 인간 뇌의 계산 원리에 기초한 범용 AI를 만들어낸다면 앞으로 로봇 산업은 근본부터 바뀔지도 모른다.

CHAPTER 9

라이드 셰어링

디디추싱 Didi Chuxing

053

차량 호출 서비스
중국
기업 가치: 560억 달러(67조 2000억 원)

일본을 공격하는 중국 차량 호출 서비스의 거인

중국의 차량 호출 서비스 업체인 디디추싱滴滴出行·Didi Chuxing이 일본에서 공세를 펼치고 있다. 소프트뱅크와 공동으로 출자하여 설립한 합작 회사 디디 모빌리티 저팬(도쿄, 미나토)은 2019년 4월 24일, 도쿄와 교토에서 택시 호출 서비스를 시작한다고 발표했다. 2018년 9월 오사카부에서 처음으로 서비스를 시작한 후, 이제 일본 전역에서 본격적으로 사업을 전개하게 되었다.

2019년에는 도쿄, 교토와 함께 홋카이도와 효고현, 후쿠오카현 등의 10개 도시에서 서비스를 시작했다. 특히 중국 방문객이 많이 찾는 도시를 노리고 있다.

그들은 중국의 국경절이나 춘절 등의 긴 휴가를 이용해 일본을 찾는 중국인 관광객을 대상으로 할 방침이다. 디디추싱의 이용자는 중국을 중심으로 전 세계 약 5억 5000만 명에 달한다. 특히 중국인에게는 평소 사용하는 스마트폰 애플리케이션을 일본에서도 그대로 이용할 수 있어 매우 편리하다는 점을 강조한다.

2018년 800만 명을 돌파한 중국인 관광객을 더욱 불러 모을 수 있어 일본의 택시 회사에서도 환영하고 있다. 승객과 운전기사의 언어 소통에 장벽이 있어도 스마트폰을 이용하면 목적지까지 안전하게 이동할 수 있다.

결제도 매우 편리하다. 디디 서비스 택시는 애플리케이션에 미리 등록해 놓은 신용카드뿐 아니라, 소프트뱅크와 야후가 공동으로 개발한 스마트폰 결제 서비스 '페이페이'를 사용할 수도 있다.

야후와 차량 호출을 연계하다

일본인 승객도 시야에 넣고 있다. 'Yahoo! 환승 안내' 사이트의 루트 검색 화면에 디디 택시로 이동하기를 새로운 이동 수단으로 추가했다. 그곳에 표시된 '앱을 열다'라는 버튼을 누르면 바로 디디 택시로 연결해 차량을 호출하는 구조다.

2019년 여름부터는 이용 금액에 따라 할인 쿠폰을 제공하는 마일리지 프로그램도 시작했다. 이용 금액이 많으면 많을수록 회원 등급이 상승해 할인 금액도 커지는 서비스다. 또한, 애플리케이션 내의 결제(사전 등록한 신용카드로 결제)를 이용할 경우에는, 차량 호출 요금이 무료인 캠페인도 시행한다.

일본의 차량 호출 서비스 대표 주자는 전국에서 서비스를 제공하는 일본 교통계의 '저팬택시(Japan Taxi)'다. 하지만 디엔에이^{DeNA}나 소니의 새로운 회사도 속속 참여하며 차량 호출 서비스의 경쟁이 격심해지고 있다. 후발 주자임에도 외국인 관광객과 일본인 고객에게 디디 택시가 침투할 수 있을지 귀추가 주목된다.

디디추싱은 2012년에 설립되었다. 차량 호출 서비스를 시작하자마자 순식간에 이용자가 늘어나 2016년에는 우버의 중국 사업을 인수했다. 중국의 인터넷 거인 3사로 불리는 알리바바, 텐센트, 바이두로부터 투자도 받았다.

중국 내에서 압도적인 존재감을 과시하며 해외 진출에도 성공했다. 일본은 그들의 시금석이 될 시장이다. 디디추싱은 우버나 동남아시아의 그랩 등과 같은 경쟁사들에 도전장을 던지며 글로벌 기업으로 탈바꿈하는 중이다.

054

드라이브지 ^{Drivezy}

차량 공유

인도

기업 가치: 4억 달러(4800억 원)

_____

가격 파괴로 성공한 인도발 차량 공유 서비스

MaaS(Mobility as a Service, 운송 수단의 서비스화)가 보급되기 쉬운 환경이나 시장이라는 측면에서 보면, 선진국이나 중국 이외에도 주목해야 할 나라가 있다. 바로 인구 13억 명 이상이 사는 인도다.

고정 통신망이 갖추어지기도 전에 무선 통신 기술이 먼저 도입되어 스마트폰이 급속히 보급된 것처럼, 신흥국에서는 때때로 '개구리 점프(Leapfrog)'라고 불리는 정상적인 발전 단계를 뛰어넘은 기술 도입 현상이 발생한다. 인도는 모빌리티 분야에서 그러한 '개구리'가 될 가능성이 크다.

자가용 보급률이 3%에도 미치지 못하는 인도에서 자동차나 오토바이를 시간 단위로 빌리는 차량 공유 서비스가 큰 인기를 얻고 있다.

2015년 인도의 방갈로르에서 차량 공유 벤처기업 드라이브지Drivezy를 설립한 공동 창업자이자 CEO인 애쉬와라 신

오토바이 공유에 주력하는 드라이브지의 아비 쉬크 마하잔 공동 창업자.

은 "사업이 급성장하고 있다"라고 말했다.

월간 유통 금액이 두 배로 증가

드라이브지의 2019년 3월 기준 월간 총거래액(GMV)은 350만 달러(42억 원)로 전년 동월 대비 두 배로 증가했다. 월간 이용자 역시 2019년 1월부터 3월 사이에 3배로 늘어났다.

합리적인 가격이 드라이브지의 인기 비결이다. 요금 플랜에 따라 다르기는 하지만, 드라이브지의 공유 서비스는 하루에 200루피(약 3,300원)로 오토바이를 빌릴 수 있으며, 160km까지의 주행은 기름 값도 내지 않는다. 일반 자동차도 120km까지는 기름값이 무료이며 비용은 하루에 1,000루피(약 1만 6,000원) 정도다.

그뿐 아니라 IT를 활용해 차량을 빌려주는 사람과 빌리는 사람

이 서로 안심하고 이용할 수 있도록 최신 시스템도 도입했다. 차량에는 GPS를 부착해 항상 위치를 파악할 수 있다. 차량 도난처럼 예측 불가능한 사태가 발생한 경우에는 원격 조정으로 차량의 엔진을 멈출 수 있는 시스템도 갖추고 있다.

인도의 관습과 테크놀로지를 융합

인도에서는 원래 자동차를 여러 가족이나 친구끼리 공유하는 관습이 있다. 이러한 관습과 테크놀로지를 융합해 최신 비즈니스로 탈바꿈시킨 것이 드라이브지다. 또한, 자동차 공유는 새로운 수익도 창출하고 있다. "자가용이 없는 사람은 차량 공유 서비스를 통해 차량을 빌려서 이용하고, 차량 소유자는 운전기사로 일하며 돈을 벌기 시작했다"라고 드라이브지의 공동 창업자인 아비 쉬크 마하잔이 말했다.

인도발 차량 공유 서비스는 선진국에서 엄두도 못 낼 신흥국의 새로운 비즈니스 모델로 발전할 가능성이 크다.

차량 호출 및 택배 서비스
인도네시아
기업 가치: 95억 달러(11조 4000억 원)

전문 마사지사나 수리업자도 배달한다

인도네시아에서 급성장하는 모빌리티 벤처기업 고젝GO-JEK. 오토바이 택시 호출 서비스가 주력 분야지만 서비스 내용은 매우 독특하다. 레스토랑의 식사를 배달하거나 전문 마사지사를 데려오기도 하고, 집에서 회사로 깜빡 잊어버린 물건을 배달하기도 한다.

고젝은 2010년에 설립되었다. 창업자 나딤 마카림은 오토바이 택시 운전기사가 손님을 기다리는 대기 시간이 너무 길다는 점에 착안해 오토바이 호출 서비스를 시작했다. 마카림은 미국의 브라운 대학을 졸업하고 맥킨지에서 컨설턴트로 근무한 후, 하버드 비즈니스 스쿨에서 MBA를 취득한 엘리트다.

처음에는 콜센터에서 모든 호출을 접수하는 시스템이었지만, 2015년부터는 스마트폰 애플리케이션으로 직접 차량을 호출하는 서비스를 시작했다. 이를 통해 단숨에 이용자가 급증했다.

고젝의 특징은 이용자의 목소리에 귀 기울여 차량 호출뿐 아니라 다양한 서비스 요구에 유연하게 대응한다는 점이다.

예를 들어 '고 푸드'라는 식사 배달 서비스는 고급 레스토랑은 물론 저렴한 푸드코트까지 다양한 음식점의 요리를 자택이나 사무실로 배달해 준다. 고 푸드에는 인도네시아 전역의 10만 개에 달하는 레스토랑이 등록되어 있다.

고젝은 또한 다양한 것을 배달하는 택배 서비스도 운영한다. 영화 등의 티켓 예매 서비스는 물론 스마트폰을 통해 주문하면 1시간 이내에 가까운 약국에서 의약품도 전달된다.

특이한 서비스로 전문 마사지사 파견 서비스도 있다. '고 마사지'라는 서비스다. 24시간 365일 이용할 수 있다. 이 서비스에는 '테라피스트'라고 불리는 3년 이상의 경력 마사지사가 등록되어 있는데, 미리 신원 조회를 통해 범죄 이력 여부 등을 확인한다고 한다. '고 그램'이라는 네일 케어나 헤어 스타일링, 페이셜 케어 등 미용 관련 전문가를 파견하는 서비스도 운영한다.

도로 사정이 좋지 않은 현지 상황에 맞춤 대응

고젝은 도로 사정이 좋지 않은 지역에서 쉽게 발생하는 자동차 고장에 대응하여 수리, 오일이나 배터리 교환, 세차 등의 서비스도 제공한다. 가정에서 가사 도우미를 부를 수도 있다. 청소기 돌리기와 걸레질, 욕실 청소는 물론 부엌 청소, 다림질, 빨래 개기 등의 서비스도 있다.

고젝은 해외 진출도 가속화하고 있다. 2018년 9월에는 베트남에 진출하며 동남아시아로의 사업 확대를 목표로 세웠다. 고젝은 차량 호출을 포함한 다양한 서비스로 각 지역에 점차 뿌리를 내리고 있다.

차량 공유 및 결제 서비스
싱가포르
기업 가치: 140억 달러(16조 8000억 원)

차량 공유에 결제 서비스도 제공하다

중국에서 폭발적으로 확산된 스마트폰을 이용한 자전거 공유 서비스가 ASEAN(동남아시아국가연합) 시장을 잠식하고 있다. 이곳에서 활약하는 기업은 택시 호출 서비스를 운영하는 싱가포르의 그랩^{Grab}이다. 2018년 3월 9일, 자전거 공유 사업 참여를 공식화했다.

스마트폰의 그랩 애플리케이션을 열면 이용자 근처의 사용 가능한 자전거가 지도에 표시된다. 이용자가 자전거에 부착된 QR코드를 스마트폰으로 찍고 개인 인증을 완료하면 자전거의 잠금장치가 해제된다. 결제도 스마트폰으로 할 수 있고 어떤 곳이든 그대로 세워두는 일도 가능하다.

무엇보다 사용법 자체가 중국 등에서 널리 알려진 자전거 공유 서비스와 크게 다르지 않아 편리하다. 그랩의 특징은 'ASEAN 최초의 자전거 공유 마켓플레이스(가상 상점가)'를 표방하는 점이다. 다시 말해 싱가포르에서 자전거 공유 서비스를 운영하는 각 회사의 자전거를 모두 공유할 수 있게 만들었다. 2018년 기준, 참가한 기업은 오바이크^{oBike} 등의 4개 회사다. 이용자는 많은 자전거 회사 중에서 선택할 수 있고, 자전거 회사는 '타고 싶어도 근처에 자전거가 없다'라는 불만을 해소할 수 있게 되었다.

참가한 자전거 공유 회사의 장점도 많다. 오바이크의 제너럴 매니저 팀 황은 "그랩에 등록한 수많은 이용자에게 우리 서비스를 제

자전거 공유 마켓 플레이스를 발표

공할 수 있게 되었다. 이렇게 많은 이용자를 우리의 독자적인 힘으로 확보하려면 오랜 기간이 필요할 것"이라고 설명했다.

실제로 그랩 애플리케이션의 다운로드 수는 2018년 5월 현재 약 9900만 건에 이른다. 그랩에서 투자 관련 업무를 담당하는 그랩 벤처스의 루벤 라이는 "이용자, 제휴 기업, 우리 회사 모두가 이익을 얻을 수 있는 가장 이상적인 윈윈 사업이 될 것"이라며 자전거 공유 서비스에 기대를 드러냈다.

그랩은 2012년 미국 하버드 비즈니스 스쿨의 동료였던 말레이시아 출신의 앤서니 탄과 탄 후이 링 두 사람이 설립했다. 그들은 택시 호출 서비스를 축으로 사업 확장에 매진하고 있다. 2014년에는 소프트뱅크그룹으로부터 2억 5000만 달러(3000억 원)라는 그랩 최초의 대형 투자를 성공적으로 유치했다. 그 후 소프트뱅크는 경영전문사장을 파견하여 그랩의 경영을 정상 궤도에 올려놓았다. 그랩은 2018년 3월 미국 우버 테크놀로지스의 ASEAN 사업을 인수한다고 발표하며 더욱 안정적인 사업 기반을 다지고 있다.

'택시는 무섭다'라는 이미지를 바꾸다

그랩이 택시 호출 서비스를 시작한 계기는 앤서니 탄이 유학을 마치고 귀국할 때, 외국 친구가 '말레이시아에서 택시를 타고 무서운 경험을 했다'라는 이야기 듣고 나서였다. 예전에는 택시를 타면 요금을 사기당하거나 위험한 일이 생기기도 했다. 단지 말레이시아뿐 아니라 전반적인 ASEAN의 택시는 서비스 수준이 떨어졌다.

그랩의 창업자들은 스마트폰을 사용해 안전한 이동 서비스를 제공하는 택시 호출 애플리케이션을 고안했다. 먼저 말레이시아에서 사업을 시작했고, 2013년 필리핀과 싱가포르에 진출했다. 2014년 베트남과 인도네시아에서도 서비스를 제공하며 그해에 거점을 싱가포르로 옮겼다.

택시 호출 서비스에 그치지 않고 우버와 마찬가지로 일반 승용차를 활용한 차량 공유나 오토바이 택시로 서비스의 폭을 넓혔다. 현재는 히치하이크와 자전거 공유 등을 포함해 10종류 이상의 서비스를 제공한다. 대상 지역은 8개 국가, 217개의 도시에 이른다.

그랩의 애플리케이션을 사용하는 운전자 수는 240만 명이 넘는다. 2017년 11월 기준 창업 당시부터 계산하면 총 10억 번의 승차 계약을 맺었고, 호출 애플리케이션은 싱가포르나 인도네시아 등 6개 국가에서 최고의 점유율을 자랑한다.

미국의 우버는 자가용을 활용한 공유 서비스가 중심인 데 반해, 그랩은 택시 회사와도 제휴하여 호출 서비스도 제공한다. 교통 체증에 걸리지 않는 오토바이나 가격이 저렴한 일주 전용 셔틀버스 등 모든 이동 수단을 준비하고 있다.

맹렬한 성장 속도에 소프트뱅크의 그림자가 어른거린다. 소프트뱅크는 그랩은 물론 세계의 차량 공유 시장 개척자인 우버에도 투자하고 있다. ASEAN 내에서 치열한 경쟁을 벌이는 그랩과 우버. 운전자 확보나 이용 촉진을 위한 비용이 증가하는 가운데 '공멸'은

피했으면 좋겠다.

그래서 나온 대책이 우버가 가진 ASEAN 사업을 그랩에 양도하는 것이었다. 우버가 그랩의 주식 27.5%를 취득하고 다라 코스로샤히 CEO가 그랩의 이사로 취임하여, 향후의 성장에 걸맞은 투자이익을 얻을 수 있도록 조정한 것으로 알려졌다.

게임 체인저가 된 그랩페이

그랩은 물론 소프트뱅크의 힘에만 의존해 사업 규모를 키운 것이 아니다. 그랩의 CEO인 앤서니 탄은 "게임 체인저가 된 것은 바로 그랩페이(Grab Pay)다"라고 강조한다.

2016년 12월에 서비스를 시작한 그랩페이는 그랩 이용자에게 제공하는 모바일 결제 서비스다. 그랩 서비스의 비용 지급에 사용할 뿐만 아니라, 제휴처의 EC(전자상거래) 사이트에서 상품을 사거나, 스마트폰으로 QR코드를 찍으면 음식점에서도 바로 결제할 수 있다.

그랩은 차량 호출과 그랩페이라는 모바일 결제를 기반으로 다양한 서비스 제공자를 끌어들이고 있다. 여러 서비스를 한 곳에서 받을 수 있어 이용자들이 모여들고, 그 이용자들을 활용하려고 서비스 제공 업체도 모여드는 구조다. '그랩 경제권'은 ASEAN의 소비자에게 완전히 뿌리 내린 듯하다.

리프트 ^{Lyft}

057

차량 호출 서비스
미국
기업 가치: 220억 달러(26조 4000억 원)

미국에서 우버를 맹추격하는 라이벌

차량 공유 서비스의 거인인 미국의 우버 테크놀로지스를 위협하는 경쟁자는 누구일까? 이런 질문을 받으면 미국에서는 많은 사람이 이구동성으로 리프트 ^{Lyft}라고 대답할 것이다.

　스마트폰 애플리케이션으로 차량을 호출하면 몇 분 안에 자동차가 와서 목적지로 데려간다는 점에서 리프트의 서비스는 우버와 거의 유사하다. 하지만 리프트는 이용 편리성을 지속해서 개선하며 경쟁자에 필적하는 서비스로 성장을 거듭하고 있다. 2018년 기준 리프트에는 3000만 명이 넘는 이용자와 약 200만 명의 운전자가 등록되어 있다. 미국 내의 시장 점유율이 30%에 달하며 존재감은 더욱 커지고 있다.

리프트는 2012년 현재 CEO인 로건 그린과 공동 창업자가 설립했다. 그린은 캘리포니아대학교 산타바라라 캠퍼스 출신으로 학창 시절에 장거리 여행을 위한 차량 공유 서비스를 고안했다. 2007년에 설립한 '짐라이드Zimride'라는 합승 서비스 벤처기업이 리프트의 전신이다.

리프트는 스마트폰 애플리케이션을 사용해 이용자 근처의 차량을 연계한다. 이용자는 운전자를 다섯 단계로 평가하는데, 이는 좋은 평가를 받은 우량 운전자 중심으로 서비스를 운영하기 위해서다.

일반 차량 공유 서비스에 더해 같은 방향으로 이동하는 여러 사람이 모여 저렴하게 이용하는 합승 서비스도 제공한다. 6명 이상이 탈 수 있는 차량이나 검은색 고급차를 선택할 수 있는 서비스도 있다.

외국인 운전자 확보를 위한 영어 교육 제공

리프트는 운전자를 확보하기 위해 다양한 혜택을 고안하고 있다. 운전자에게 먼저 2만 대가 넘는 ATM을 무료로 이용할 수 있는 은행 계좌를 제공한다. 이 계좌와 연계해 발급받은 현금 카드로 휘발유나 식료품을 구매하면 1~4%에 달하는 금액을 적립해주는 시스템도 도입했다.

자동차 수리비의 최대 50%를 할인해주는 서비스도 있다. 캘리

포니아주에서는 차가 고장 나면 리프트의 모바일 서비스 밴이라는 차량이 찾아와 수리하는 서비스도 시작했다.

리프트는 외국 출신의 운전자가 많다는 점을 고려하여 교육 지원에도 힘을 쏟는다. 온라인 영어 교육을 통해 영어 실력을 높일 수 있는 학습 과정을 제공한다. 대학 진학이나 취업에 도움이 되는 영어 능력 증명서도 발급해주고 있다. 이처럼 꾸준한 대처로 운전자를 확보해 온 것이 우버의 대항마로 리프트가 존재감을 높이는 데에 큰 도움이 되었다.

리프트는 2019년 3월 미국 나스닥 시장에 상장했다. 거래 첫날 종가를 집계한 결과, 시가 총액은 약 220억 달러(26조 4000억 원)에 달했다. 최대 주주는 라쿠텐^{rakuten}이다. 상장 전에 13%의 주식을 보유하고 있었는데 상장 이후 많은 차익을 얻은 것으로 알려졌다.

올라(Ola) ANI Technologies

058

오토 릭샤 호출 서비스
인도
기업 가치: 60억 달러(7조 2000억 원)

오토 릭샤를 호출하는 서민용 차량 공유 서비스

인도 곳곳에서 볼 수 있는 '오토 릭샤'. 이것은 삼륜 택시로 뒷좌석에 두 사람 정도가 탈 수 있다. 관광객에게 인기가 높지만 들쑥날쑥한 가격이 문제로 가격 협상과 목적지에 제대로 도착할지가 항상 걱정거리였다.

이러한 인도의 대표적인 교통수단을 극적으로 바꾼 기업이 애니 테크놀로지스^{ANI Technologies}다. 2010년에 설립하여 처음에는 뭄바이를 거점으로 '올라(Ola)'라는 이름의 오토 릭샤 호출 서비스를 시작했는데, 뱅갈루루로 본사를 옮기고 2014년부터는 사륜 택시 호출 서비스도 시작했다.

인도에는 돌아다니는 택시가 적은 데다 운전자가 길을 잃는 경우가 많고 요금 협상도 문제였다. 그런데 올라는 이용자가 스마트폰 애플리케이션으로 오토 릭샤를 포함한 택시를 호출할 수 있을 뿐 아니라 요금도 미리 알 수 있다. 특히 운전기사에게도 목적지까지 안전한 길안내 서비스를 제공하며 이용이 폭발적으로 늘어났다. 올라는 합승 택시 서비스나 렌터카, 차량 공유, 오토바이 공유, 대학 구내용 자전거 공유 등으로 서비스의 범위를 점차 확대해 나가고 있다.

소프트뱅크, 스즈키와 제휴하다

일본 기업도 올라의 성장 가능성에 주목해 투자나 제휴를 맺고 있다. 2017년에는 소프트뱅크그룹이 3억 3000만 달러(3960억 원)를 투자했다. 그 후에도 추가로 투자하여 지금은 애니 테크놀로지스의 주식 25%를 소프트뱅크그룹이 가지고 있다.

같은 해 인도의 자동차 판매 최고 점유율을 차지하는 스즈키^{Suzuki}도 현지 자회사인 멀티 스즈키를 통해서 애니 테크놀로지스와 제휴를 맺었다. 올라를 통해 개인택시 사업을 시작하려는 사람을 소개받고 운전자가 될 인재도 육성한다.

또 4만 명 규모의 운전자 육성을 목표로 스즈키 현지 판매점에 훈련 과정을 개설했다. 훈련을 받은 사람이 차량을 구매할 수 있도록 대출 가능한 금융기관도 소개하는데, 이는 스즈키 차량의 매출 증가로도 이어진다.

이처럼 든든한 지원군을 통해 애니 테크놀로지스는 성장 전략을 가속화하고 있다. 2018년에는 음식 배달업체인 푸드판다 인디아 Foodpanda India를 인수했다. 또한, 호주에도 진출하여 시드니와 멜버른 등에서 차량 공유 서비스를 시작하고 있다.

059

우버 테크놀로지스
Uber Technologies

차량 호출 및 택배 서비스
미국
기업 가치: 670억 달러(80조 4000억 원)

날아다니는 자동차에도 힘을 쏟는 차량 호출 서비스의 왕자

"마치 알라딘의 마법 융단 같다." 미국 샌프란시스코에 거주하는 소프트웨어 대기업 직원은 우버 테크놀로지스가 제공하는 차량 공유 서비스를 이렇게 표현했다. 그리고 이어서 "이제 우버가 없는 생활은 생각할 수 없다"라고 덧붙였다.

스마트폰 애플리케이션을 매개로 자가용 차량을 제공하는 사람과 차량이 필요한 사람을 연결하는 것이 우버의 대표 서비스다. 합승하고 싶은 사람이 어디에 있든 운전자가 단시간에 달려가 저렴한 요금으로 목적지까지 태워준다.

미국에서 도로 주행 실험을 반복하는 우버의 자율주행차

이용자는 연간 총 9억 명을 넘어섰다

우버는 2010년 샌프란시스코에서 차량 공유 서비스를 시작했는데, 이제는 전 세계 약 80개 국가의 600개가 넘는 도시에서 우버를 이용할 수 있다. 운전자로 등록된 사람만 해도 300만 명이 넘고, 합승 이용자도 1년간 총 9억 명에 달한다.

닛케이 기자가 뉴욕과 샌프란시스코 등에서 직접 우버를 탑승해 본 결과, 차량을 호출하면 실제 2~4분이면 자동차가 도착했다. 우버의 교통정책담당 책임자인 앤드류 잘츠버그는 이렇게 자랑했다.

"호출 가능한 자동차 수가 늘어나 미국의 대도시에서는 5분 이내에 차량이 도착하는 지역이 많아졌다. 이제 택시보다 우버가 훨씬 편리하다."

우버의 성장을 이끌어 온 사람은 2017년 6월까지 CEO를 지낸 창업자 트래비스 캘러닉이다. 강력한 리더십으로 우버를 급속도로 성장시켰지만 운전자에 대한 폭언, 사내 괴롭힘 문제에 부적절한 대응, 경쟁사의 기밀 정보를 훔치려고 했다는 등의 스캔들이 연달아 터지며 자리에서 물러났다.

창업자의 스캔들은 톱다운 구조의 스타트업에 치명적이다. 2017년 8월, 궁지에 빠졌던 우버의 CEO로 취임한 사람은 인터넷 여행사인 미국 익스피디아의 수장이었던 다라 코스로샤히다.

"이익보다는 마음으로 생각하고 올바른 일을 실행하라." 코스로샤히는 그러한 방침을 세웠다. 성장을 최우선으로 생각해 수단과 방법을 가리지 않는 경향이 있었다고 판단한 그는 우버의 기업 풍토를 바꾸기 위해 많은 사원과 대화를 반복했다. 1,200명이 넘는 사원들로부터 개혁 아이디어를 공모하고 사내의 논의를 거쳐 행동 규범을 결정했다.

우버는 확실히 바뀌었다. 이전까지 여러 문제로 대립해 왔던 택시업계나 규제 당국과 대화하여 적극적으로 협조하겠다는 전략도 내세웠다. 싱가포르에서는 이미 택시 회사와 제휴를 맺고 우버의 스마트폰 애플리케이션을 사용하고 있다. 일본에서도 택시 회사와 협업 중이다.

차량 호출 서비스뿐 아니라 레스토랑의 요리를 가정이나 사무실로 배달하는 '우버 이츠(Uber Eats)'에도 힘을 쏟고 있다. 일본에서도 도심부를 중심으로 검은색 주사위 모양의 로고가 들어간 백팩을 짊어지고 자전거로 달리는 배달원의 모습을 자주 볼 수 있다.

해변에 누워 있어도 요리가 배달된다

배달 사업을 맡은 우버에브리싱(Uber Everything)의 책임자 제이슨 드로지 부사장은 위치 정보의 정확도가 높아 "캘리포니아의 해변에 누워서 먹고 싶은 요리를 주문해도 금방 도착한다. 지금까지는 생각지도 못한 설레는 서비스다"라고 설명했다.

"우버의 자동차는 아마존의 서점과 유사하다." 다라 코스로샤히는 자사의 성장 전략을 서점에서 가전, 잡화, 식품 등으로 상품의 종류를 넓힌 아마존에 비유한다. 차량 공유 서비스로 시작해 이용자가 익숙한 애플리케이션을 플랫폼으로 삼아 다양한 서비스를 전개하겠다는 전략이다.

우버는 운송 대상을 사람에게서 물건으로 넓힌 것뿐만이 아니다. 운송 수단 그 자체에도 혁신을 불러일으키고 있다.

그들은 현재 자율주행 기술 개발에 힘을 쏟는다. 담당 기술자만 해도 1,750명에 달한다. 이미 200대 이상의 자율주행차를 개발했고, 미국과 캐나다의 4개 도시에서 실험 주행 중이다. 실제로 일반 승객을 태우고 운행하는데 주행 거리는 총 200만 마일을 넘어섰다. 실용화를 향해 자율주행 데이터 수집도 서두르고 있다. 이미 자율주행차 운용 규모와 누계 주행 거리는 다른 자동차업체와 큰 격차를 벌려놓은 상태다.

우버는 차량 공유용 자율주행차에 필요한 기본 시스템도 개발하여 세계의 모든 자동차 제조사에 공급하겠다는 목표를 세우고 있다.

하늘을 날아다니는 우버 택시도 개발

운송 수단은 자동차에 한정하지 않는다. "하늘을 나는 우버를 만날수 있을 것이다. 자동차로 2시간 걸리는 거리를 9분이면 도착할 수있도록 만들겠다." 이렇게 말하는 사람은 우버의 최고생산책임자인 제프 홀덴이다.

우버는 수직 이착륙형으로 모터와 배터리로 구동하는 전동 항공기를 개발하고 있다. 2020년까지 미국 댈러스 등에서 시험 비행을마치고 2023년 상용화를 목표로 삼고 있다. 이미 미국의 대형 헬리콥터 회사인 벨 헬리콥터, 브라질의 항공기 제조사 엠브라엘 등 다섯 개 제조사와 제휴를 맺었다. 또한, 미국 항공우주국(NASA) 출신의 기술자를 고용해 개발에 박차를 가하고 있다.

홀덴은 "일부의 부자들뿐 아니라 누구나 이용할 수 있는 합리적인 서비스 실현을 꿈꾼다"라고 강조했다. 그들은 수천 대의 하늘을나는 자동차 운행을 목표로 한다.

'다양한 분야에서 운송 혁명을 일으킨다'라는 큰 기대와 함께 우버는 2019년 5월 10일 미국 뉴욕 증권 거래소에 주식을 상장했다.하지만 첫날의 종가는 41.57달러로 공개 가격인 45달러의 8%를밑도는 수준이었다. 시가 총액은 약 760억 달러(91조 2000억 원)에달했지만, 누적 적자가 이어지며 수익 면의 과제가 부상하고 있다.

2019년 5월 말, 2019년 1~3월의 일사분기 결산을 처음으로 발표했다. 매출액은 전년 동기 대비 20% 증가한 약 31억 달러(3조7200억 원)였으나 최종 손익은 약 10억 달러(1조 2000억 원)로 적자가 발생했다. 경쟁 심화와 늘어난 운전자 보수 등이 채산성에 악영향을 미친 것이다. 주식 시가 총액도 약 670억 달러(80조 4000억 원)까지 감소한 상태다.

우버는 운송업계의 혁명을 목표로 삼고 있지만, 주력 사업인 차량 공유 서비스에서 수익 모델을 창출하지 못하면 미래 전망은 어려울 수밖에 없다.

CHAPTER 10

모빌리티

060

전기차 제조
일본

전기차 분야의 숨은 조력자를 꿈꾸는 교토대학의 벤처기업

"미국의 테슬라와 같은 제조사가 아니라 EV(Electric Vehicle, 전기차) 분야의 숨은 조력자로서 플랫폼 사업에 주력하겠다." 2018년 3월, 교토대학의 EV 벤처기업 GLM이 발표한 그들의 사업 전략은 자동차 업계의 큰 주목을 받았다.

그때까지 GLM은 '일본의 테슬라'로 불리며 EV 스포츠카 개발에 주력하는 것처럼 보였다. GLM은 2014년 2인승 스포츠카 '토미카이라 ZZ'의 EV 버전을 발매했다. 또한, 일본 최초의 EV 슈퍼카, 4인승 'GLM G4'를 제조하겠다고 발표했다.

특히 GLM은 2016년 파리 모터쇼에서 G4의 콘셉트 모델을 처음으로 공개하여 화제를 모았다. 슈퍼카답게 차량 도어는 날개를 들어 올리는 듯한 세련된 디자인으로 완성했고, 최고 출력은 540ps에 달한다. 정지 상태에서 100km까지 속도를 높이는 데 3.7초밖에 걸리지 않으며 최고 속도는 시속 250km다. 또한, 완충 시 400km까지 주행할 수 있는 고성능 스포츠카였다.

그런 GLM이 자사 브랜드 개발 중심의 전략을 전환하여 플랫폼 사업에 집중하기로 결정한 이유는 무엇일까.

중국을 중심으로 해외에서 전기차에 관한 관심이 높아지고, 정부의 강력한 지원을 받아 개발을 서두르는 제조사도 급증했다. 따라서 EV 슈퍼카도 속속 등장할 예정이다.

이러한 흐름을 타고 전기차 기술 개발을 위해 GLM에 협력을 바라는 제조사가 늘어났다. 2017년에는 홍콩의 오릭스 홀딩스에서 투자도 받았다. 이를 계기로 GLM은 중국 등을 포함한 전기차 제조사의 개발 지원 사업이 자사의 성장 기반이 되리라고 판단한 것이다.

차세대형 EV 플랫폼을 타사에도 제공

GLM은 독자적으로 개발한 전기차 기술을 활용해 자동차 제조사의 전기차 생산이나 연구를 지원한다. 그뿐 아니라 부품이나 소재, 화학, IT 관련 기업 등 자동차 관련 사업의 기술 지원에도 힘을 쏟는다.

GLM은 차세대 EV 플랫폼을 개발하여 자사의 완성차뿐 아니라 타사의 EV 전용차에도 적용할 수 있는 시스템을 지원한다. 그들은 프레임이나 차틀, 서스펜션 등의 차대와 모터, 배터리 등으로 구성된 구동 시스템을 플랫폼이라고 정의한다. 첨단 운전자 보조 시스템(ADAS, Advanced Driver Assistance Systems)이나 차량 탑재 소프트웨어의 무선 업데이트(OTA, Over-The-Air) 등도 포함되어 있다.

제휴 기업과 협업하기 위한 연구 개발의 거점 마련

2018년 11월에는 전기차의 연구 개발 거점을 새로 마련했다. 지상 4층 규모로 넓이는 2,151m² 다. 1층과 2층을 연구 개발의 거점으로 사용하고, 3층과 4층에 본사 기능을 두었다.

1층에는 제휴 기업 등을 위해 '보이는 개발 현장'을 만들어 플랫폼 사업을 추진한다. 2층은 타사와 공동으로 제작하는 차량이나 부품 등의 개발 현장을 두었고, 개별 프로젝트팀도 같이 활용하도록 공간을 구성했다.

GLM은 오릭스 렌텍Orix Rentec과 제휴하여 EV 플랫폼 대여 사업을 시작했다. 교세라Kyocera나 데이진Teijin 등과도 전기차용 기술 개발에 협업하고 있다.

거대한 시장이 될 것으로 기대하는 전기차 시장. 하지만 완성차 제조사와 경쟁하기에는 세계 각지에 쟁쟁한 전기차 기업이 너무 많다. 따라서 숨은 조력자라는 새로운 전략을 내세우며, GLM은 또 다른 성장을 꿈꾸는 것이다.

웨이라이 ^{NIO}

061

전기차 제조
중국
기업 가치: 66억 달러(7조 9200억 원)

중국발 EV 슈퍼카

오른쪽 사진을 자세히 보기 바란다. 유선형을 띤 스포츠카는 금방이라도 웅장한 엔진 소리를 내며 달려 나갈 것 같다. 실제로도 이 자동차는 빠르다. 최고 시속은 313km에 달한다. 하지만 엔진 소리는 들리지 않는다. 전기로 달리는 EV(전기차)이기 때문이다.

이곳은 중국 상하이의 EV 벤처기업 웨이라이蔚来汽车-NIO의 본사다. "세계 최고 속도를 내는 EV에서 세계 최고 속도의 시판차가 되었죠." 2017년 5월 하순, 기자를 마중 나온 홍보 담당자가 자랑스레 소개한 자동차는 웨이라이가 이제 막 예약 판매를 시작한 EV 스포츠카 'EP9'이었다.

6분 45초 90. 홍보 담당자가 가리킨 벽에는 세계 최고 속도를 경신한 기록이 걸려 있었다. 독일 북부의 서킷 뉘르부르크링에서 2017년 5월 12일에 세운 신기록이다.

뉘르부르크링의 서킷은 전 세계의 자동차 회사들이 고속 성능을 시험하기 위해 찾아와, 한 바퀴 약 20km를 질주하여 시간을 재는 곳으로 유명하다. EP9은 2016년 가을에 이미 EV 자동차로 세계 최고 기록을 세웠으나, 2017년 5월에 다시 20초 가까이 시간을 단축해 독일의 포르쉐와 이탈리아의 람보르기니를 제치고 정상에 올랐다(순위는 2017년 취재 시점).

"외관뿐 아니라 기술적으로도 고급 브랜드의 이미지에 어울리는 자동차다." 주장 부사장은 자신 있게 말했다. 운전석 등에 가벼운

중국발 EV 슈퍼카 EP9

소재의 CFRP(탄소섬유 강화 플라스틱)를 사용했고, 완전 충전 시의 주행 가능 거리는 42km에 이른다. 가격은 148만 달러(17억 7600만 원)로 처음 출하한 6대는 중국의 인터넷 기업 텐센트의 창업자 마화텅 등 중국을 대표하는 사업가들의 손에 들어갔다. 10대의 추가 생산도 결정되었다.

EV 버블에 들끓는 중국의 자동차 산업

중국의 자동차 산업은 EV 버블에 들끓고 있다. 2016년 EV를 중심으로 한 '신재생 에너지 차량'의 판매 대수는 버스 등의 상용차를 포함해 약 50만대에 달한다. 2015년과 비교하면 약 1.5배 불어난 수치다.

중국 정부가 2010년부터 점차 확대한 보급 지원 정책의 힘이 크다. 지방정부의 지원 금액까지 포함하면 한 대당 최대 6만 6,000위안(약 1113만 원)의 보조금을 제조사에 지급한다. 이처럼 중국 정부는 꾸준히 EV 차량을 보급하기 위해 환경을 정비하고 있다. 상하이 등 일부 대도시에서는 자동차 번호판 등록에 수만 위안이 드는데 EV 차량은 이 비용도 면제. 자동차업체들이 보조금을 노리고 수량을 늘려 생산한다는 의혹도 있지만, 이미 참가한 회사만 해도 200여 개의 업체에 이른다.

이러한 중국의 EV 시장에 '세계 최고 속도'라는 간판을 내걸고 참가한 웨이라이. 그들의 역사는 2014년부터로 매우 짧다. 창업자리빈은 중국에서 인터넷 자동차 판매 사업을 시작해, 미국 상장에도 성공한 실력 있는 사업가다.

웨이라이는 미국 실리콘밸리에 자율주행기술과 AI 연구 기관을 설치했고, 독일 뮌헨에는 디자인센터를 두었다. 일본과 미국, 유럽 등 약 40개 국가의 자동차 회사와 IT 기업에서 모인 직원도 이미 2,000명을 넘어섰다.

그런데 실제로 판매한 차량은 앞서 말한 EP9이 처음이다. 아직 판매액은 거의 제로 상태지만, 전면 알루미늄 바디의 EV SUV(다목적 스포츠카) 'ES8' 생산도 계획하고 있다. 탑재할 배터리와 모터 생산 설비를 마련하기 위해 30억 위안(약 5035억 원)이라는 큰 금액을 투자했다. 2020년에는 완전 자율주행차 'EVE'의 미국 시장 진출도 계획하고 있다.

웨이라이는 비상장 기업이지만, 기업 가치가 10억 달러를 넘어 당당히 유니콘의 한 자리를 차지하고 있다. 미국의 리서치 회사 'CB인사이츠'에 따르면 웨이라이의 평가액은 2017년에 28억 9000만 달러(3조 4680억 원)에 달했다(2019년 시점에서는 66억 달러(7조 9200억 원)). 투자자로는 텐센트, 인터넷 검색 기업 바이두, 레노보그룹과 같은 중국의 대표 기업 외에도 실리콘밸리를 대표하는 VC(벤처캐피털) 세쿼이아 캐피털 등이 이름을 올렸다.

풍부한 자금력을 무기로 폭주하는 웨이라이. 주장 부사장은 "우리의 목표는 도요타자동차의 고급 브랜드 렉서스다"라고 말했다. 품질에 집착하는 도요타를 보고 배울 점이 많다고 느낀 듯하다. 한편으로는 이러한 자신감도 내보였다. "우리는 새로운 발상으로 사업을 펼쳐나갈 것이다. 어쩌면 렉서스를 뛰어넘는 자동차가 탄생할지도 모른다."

오토노모 테크놀로지스

Otonomo Technologies

062

자동차 데이터 거래소
이스라엘
기업 가치: 3억 7000만 달러(4440억 원)

커넥티드카의 데이터 거래소

커넥티드카(통신망으로 연결하는 자동차)의 데이터 거래가 가능한 시장. 이처럼 독특한 아이템으로 사업을 추진하고 있는 이스라엘의 벤처기업 오토노모 테크놀로지스Otonomo Technologies가 주목받고 있다.

2018년 2월, NTT 도코모 산하의 NTT 도코모 벤처스가 오토노모에 투자한다고 발표했다. 통신 사업자가 오토노모에 관심을 두는 이유는 차세대 통신 규격 5G로 고속 통신이 보편화되면 본격적인 커넥티드카 시대가 올 것으로 판단하기 때문이다.

고속 인터넷과 연결된 커넥티드카는 수많은 데이터를 생산한다.

GPS의 위치 정보, 주행 속도, 연료 소비량, 배터리 등 다방면에 걸친 데이터는 분명 커다란 보물 상자가 될 것이다. 이러한 자료를 분석하면 어떻게 자동차가 사용되는지, 운전자들은 어떤 특성이 있는지 쉽게 파악할 수 있다.

자동차 회사나 차량 무선 인터넷 사업자와 연계하여 빅데이터 획득

오토노모는 수십 개에 달하는 자동차 회사나 차량 무선 인터넷 서비스 사업자, 데이터 활용 사업자와 제휴하여 많은 양의 데이터를 확보한다. 이처럼 다양한 차량의 데이터를 분석하여 제삼자가 새로운 애플리케이션이나 서비스 개발에 활용할 수 있도록 개인정보 처리 등의 데이터를 가공한 후 완성된 자료를 제공한다.

도대체 어떤 기업이 커넥티드카의 정보가 필요할까. 자율주행에 필수인 지도 작성, 주차장 등의 서비스를 제공하는 기업이라면 분명 몹시 탐이 나는 자료일 것이다.

그뿐 아니라 자동차 부품 업체나 관련 서비스를 제공하는 기업에도 도움이 된다. 자동차가 이용자의 특성에 따라 어떻게 사용되는지 상세한 데이터가 있으면 신상품을 개발하기도 쉬워진다. 지금까지는 입수하기 어려웠던 귀중한 자료를 구할 가능성이 있어 오토노모와 제휴하는 기업도 증가하고 있다. 소매업자는 자동차의 주행 상태가 파악되면 점포의 입지 결정이나 몇 시부터 몇 시까지 영업해야 하는지를 판단하기도 쉽다. 보험회사에도 혜택이 크다. 운전자의 구체적인 자동차 이용 상황을 파악하면 위험 부담을 더욱 세분화하여 보험료를 설정할 수 있고, 신상품을 개발하기도 쉽기 때문이다.

운전자를 돕는 새로운 서비스도 추가

오토노모의 차량 데이터를 활용하여 운전자에게 도움이 되는 새로운 서비스도 탄생할 전망이다. 연료가 얼마 남지 않은 자동차에는 가까운 주유소에서 할인 쿠폰 등의 프로모션이 도착한다. 전기차의 충전 잔량이 적어지면 가까운 충전소를 알려주는 기능도 있다.

2015년에 설립된 오토노모는 5000만 달러(600억 원) 이상의 자금을 모으며 순식간에 차세대 유력 벤처기업으로 떠오르고 있다.

063

볼로콥터 ^{Volocopter}

하늘을 나는 자동차 제조
독일

하늘을 나는 전기 자동차

마치 8개의 소형 회전 날개를 단 드론이 커진 것 같은 '하늘을 나는 전기 자동차'가 조용히 전 세계의 하늘로 날아오르고 있다. 이것은 독일의 벤처기업 볼로콥터^{Volocopter}가 개발한 VTOL(Vertical Take-Off and Landing, 수직 이착륙기) 'Volocopter 2X'로 두 사람의 승객을 태울 수 있다.

회전 날개를 전기와 모터로 구동하는 간단한 구조로 일반 헬리콥터처럼 요란한 소음은 발생하지 않는다. 따라서 도시 중심부의 제한된 공간에서 이착륙하기에 적합하다.

게임에서 자주 사용하는 조이스틱을 운전대에 도입하여 직감적으로 조작하기 쉽고, 조종사가 조이스틱에서 손을 떼더라도 자동으로 자세를 유지한다. 자율 조종이 가능한 범위에서는 VTOL이 자동으로 비행하도록 설계되었다.

프로펠러, 모터, 배터리팩, 전자 기기 등은 광섬유로 접속되어 있으며, 비행 제어와 안정화를 위한 지원 시스템도 탑재하여 안전성을 확보하고 있다. 비상시를 대비한 낙하산도 실려 있다.

복잡한 기계 부품이 많은 헬리콥터와 비교해 아주 간단한 구조로 유지 보수나 수리, 분해 점검 등에 드는 비용도 줄일 수 있다.

볼로콥터의 VTOL은 2016년 세계 최초로 유인 비행을 인정받았다. 2017년 9월부터는 두바이 당국과 협력하여 처음으로 하늘을 나는 자율주행 택시로 시험 비행을 시작했다. 2019년에는 싱가포

볼로콥터가 개발한 '하늘을 나는 자동차'

르에서도 시험 비행을 했다. 이처럼 반복 비행을 통해 노하우를 축적한 후, 본격적으로 서비스를 시작할 예정이다.

인텔과 다임러 등이 투자

교통 체증이 심각한 대도시에서는 하늘을 나는 택시에 관심이 높다. 볼로콥터와 마찬가지로 전동으로 구동하여 소음이 적은 VTOL을 택시처럼 부담 없이 이용하는 교통 시스템의 실현 가능성이 가속화되고 있다.

물론 하늘을 나는 자동차 분야의 경쟁자는 많다. 미국의 우버 테크놀로지스, 항공기 대기업 보잉과 같은 거인들도 기술 개발에 힘을 쏟고 있다.

하지만 이미 시험 비행을 시작한 볼로콥터는 하늘을 나는 자동차 시장의 선두주자임이 분명하다. 미국의 반도체 기업 인텔과 독일의 자동차 대기업 다임러 등의 투자를 받은 볼로콥터는 3~5년 이내의 상용화를 목표로 삼고 있다.

샤오펑 모터스 Xpeng Motors

064

전기차 제조
중국
기업 가치: 37억 달러(4조 4400억 원)

테슬라가 경계하는 중국의 신흥 기업

"이직한 직원이 자율주행 기술을 유출했다." 2019년 3월 미국의 EV(전기차) 제조사인 테슬라가 이렇게 소송을 제기한 곳은 중국의 전기차 제조사인 샤오펑 모터스다. 테슬라뿐만이 아니다. 자율주행 기술을 개발하는 미국의 애플도 샤오펑으로 이직한 전직 사원이 기밀 정보를 유출했다며 소송을 제기했다. 2018년 미국의 연방수사국(FBI)은 실제로 이 전직 사원을 기소한 상태다.

불명예스러운 문제로 주목받은 샤오펑 모터스. 하지만 그것은 미국을 대표하는 EV와 IT 두 거인이 신경을 곤두세울 만큼, 중국의 신흥 전기차 제조사가 기세를 떨치고 있다는 증거이기도 하다.

샤오펑 모터스는 2014년에 설립된 아직 젊은 기업이다. 그들은 2018년 말에 처음으로 EV SUV 'G3'을 출시하여 2019년 3월에 차량을 납품하기 시작했다. 이어서 두 번째 차량 모델인 세단 'P7'도 곧 출시할 예정이다.

테슬라가 샤오펑 모터스를 경계하는 이유는 중국이 세계 최대의 전기차 시장이기 때문이다. 중국 정부가 적극적으로 전기차 보급도 지원한다. 그래서 테슬라는 중국에 전기차용 전지와 완성차 조립 공장을 건설하고 있다.

중국에서 테슬라의 경쟁자가 되다

샤오펑 모터스는 테슬라의 경쟁자가 될 가능성이 가장 큰 기업이다. 가속력이 우수하고 완전 충전 시의 주행 가능 거리(항속 거리)도 300~500km 정도로 길다. 하지만 디자인이나 스펙은 테슬라를 의식했다고 할 수밖에 없을 만큼 닮은 부분이 많다.

예를 들어 'P7'의 겉모습은 테슬라의 EV 세단을 방불케 한다. 중국의 모터쇼에 참석해 실제로 전시된 P7을 본 어느 저널리스트는 "멀리서 보면 테슬라와 똑같다"라고 지적했다.

테슬라 측에서 보면 현지에 공장을 세우고 자사의 EV를 본격적으로 판매하기도 전에, 테슬라를 닮은 저렴한 EV가 다수 출현하는 일은 피하고 싶을 것이다. 그래서 샤오펑 모터스를 제소한 것 아니냐는 시각도 많다.

"단순한 복제 차량 제조사에 불과하다"라고 평가하면서도 샤오 핑 모터스를 쉽게 여기지 못하는 배경에는 또 다른 이유가 있다. 중화권을 대표하는 기술력이 뛰어난 유명 기업들이 샤오핑 모터스를 지원하기 때문이다. 중국의 대형 인터넷 유통회사 알리바바그룹과 스마트폰 대기업인 샤오미의 CEO, 대만의 홍하이정밀공업 등이 샤오핑 모터스에 투자하고 있다. 소프트웨어와 하드웨어 양쪽에서 세계 최첨단을 달리는 대기업들의 지원은 분명 샤오핑 모터스의 EV 개발에 순풍이 될 것이다.

선행 주자의 디자인과 기술을 도입하고 풍부한 자금력도 투입하여, 이제 샤오핑 모터스는 EV의 거인인 테슬라에 도전하는 것은 물론, 세계를 이끄는 자동차 회사를 목표로 전진하고 있다.

CHAPTER 11

물류

플로스페이스^{Flowspace}

065

물류창고
미국

필요할 때만 사용하는 온디맨드 창고

기업은 어디서든 필요할 때 필요한 만큼만 온디맨드(On Demand, 수요에 맞춰 맞춤형 서비스를 제공하는 것) 물류창고를 이용할 수 있다. 장기간의 계약이나 최저 이용 공간 등과 같은 제약 조건도 전혀 없다. 이러한 물류창고 서비스를 제공하는 벤처기업이 미국에서 주목받고 있다. 로스앤젤레스에 본사를 둔 플로스페이스^{Flowspace}다.

지금까지 창고를 빌려주는 서비스 제공 업체는 많았지만, 최저 계약 기간이나 이용 공간 등 여러 조건이 매우 까다로웠다. 하지만 플로스페이스의 창고 이용료는 팰릿(pallet) 단위로 발생하기 때문에 사용하지 않는 공간에 대한 비용을 지불할 필요가 없다. 또한, 한 달부터 짧은 기간 창고를 빌릴 수 있는 점도 강점이다.

플로스페이스는 미국 전역에 500곳의 창고를 확보하고 있다. 의류에서 냉장이나 냉동품처럼 온도 관리가 필요한 물건까지 모든 종류의 상품을 보관할 수 있으며, 창고에서 상품 포장이나 라벨 붙이기 등의 작업 서비스도 제공한다.

최근 인터넷 통신판매로 상품을 판매하는 소매업자를 중심으로 고객이 늘어나고 있다.

미국의 아마존닷컴, 전 세계의 80만 개에 달하는 점포가 입점한 캐나다의 인터넷 쇼핑몰 쇼피파이도 플로스페이스를 이용한다. 고객으로부터 주문이 들어오면 플로스페이스가 창고에 보관하던 상품을 찾아 포장해서 배송하는 구조다.

"인터넷 소매업자는 상품 개발이나 마케팅, 판매에 집중하고 포장이나 배송과 같은 물류 업무는 플로스페이스에 맡기면 된다"라는 것이 플로스페이스의 광고 문구다.

쓸모없던 창고의 공간을 효율적으로 활용하다

인터넷 통신판매 회사뿐 아니라 보유한 창고의 공간이 남아도는 기업도 이익이다. 조건이 맞는 창고를 플로스페이스에 등록하면 쓸모없이 방치하던 공간을 효과적으로 활용하고, 매월 이용한 만큼 수익금도 들어오기 때문이다. 플로스페이스는 창고 관리에 편리한 소프트웨어도 제공한다.

플로스페이스는 환경친화적인 아기용품 등을 판매하는 미국의 어니스트 컴퍼니The Honest Company 출신의 벤 이처스(CEO, 최고경영자)와 소프트웨어 기술자 제이슨 하버트(CTO, 최고기술책임자)가 2017년에 설립했다. 인터넷 통신판매의 확대로 사업이 동반 성장하며, 2019년 4월까지 15억 5200만 달러(1조 8624억 원)의 투자를 유치했다.

아마존 등이 앞서나가고 있지만, 플로스페이스는 꾸준한 성장이 기대되는 인터넷 통신판매의 조력자로서 존재감을 높이고 있다.

프레이트허브 ^{FreightHub}

066

화물 운송 서비스
독일

육해공 연계로 물류의 최적화 서비스 제공

항공, 선박, 철도, 트럭 등 모든 운송 수단 중에서 속도와 비용 모두 고객의 요구에 부합하는 조합을 찾아 제공하는 디지털 화물 운송 서비스 회사가 있다. 독일 베를린에 본사를 둔 프레이트허브 FreightHub다.

종합 물류 서비스를 제공하는 기업은 많지만, 대부분 개별 회사의 네트워크에 의존하여 견적도 각각 계산하는 것이 일반적이다.

프레이트허브는 이처럼 다양한 운송 네트워크를 종합적으로 검색하여, 곧바로 비용 견적을 내고 예약을 할 수 있으며, 운송 중인 물건을 실시간으로 추적하는 플랫폼을 제공한다.

유럽 최대의 온라인 가구점 Home24를 예로 들어보자. 그들은 800곳이 넘는 제조업체가 제공하는 10만 개 이상의 상품을 취급하고 있다. 특히 수요가 많은 것은 아시아에서 수입하는 가구나 인테리어 용품들인데, 운송 시간이 길어 재고 관리에 문제가 생기는 일이 잦았다.

그래서 Home24는 프레이트허브에 화물 운반을 의뢰했다. 프레이트허브의 플랫폼을 통해 최적 운송 경로를 결정하고, 상품 출하 등의 배송 정보도 관리한다. 세계 각지의 상품 배송 상황을 관리하기에 편리하고 문서도 한곳에서 공유되어 세관 등의 문의에 대응하기 쉬워졌다고 한다.

통관에 필수적인 서류 작성 서비스도 제공

프레이트허브는 고객의 요구에 맞는 최적의 운송 방법을 제시하고 상세한 추적 정보를 제공한다. 그뿐 아니라 통관 등에 빼놓을 수 없는 서류도 대신 작성하고, 최신 상황을 실시간으로 알려주는 서비스도 고객들의 큰 지지를 얻고 있다.

세계적으로 확대되는 미국 아마존닷컴의 물류 거점에 상품을 맡기는 형태로 출품하는 기업을 위한 '풀필먼트(fullfillment) 바이 아마존(FBA)'에도 대응하고 있다.

프레이트허브는 고객의 화물을 취급할 때, 아마존의 지침에 따라 상품 포장과 팰릿을 준비한다. 고객이 아마존의 라벨을 프레이트 허브의 플랫폼에 등록하면 그것을 출력하여 상품에 붙이고 운송을 시작한다.

프레이트허브는 2016년에 설립되었다. 그로부터 2년만에 1,000개가 넘는 화물 사업자와 네트워크를 확보하며 유럽, 아시아, 북미 간의 바다와 하늘을 이용해 화물을 운송하는 유럽의 주요 운송업체로 발전했다. VC(벤처캐피털)에서 2300만 달러(276억 원)가 넘는 투자 유치에도 성공했다.

067

GLP _{GLP}

물류창고
싱가포르
기업 가치: 94억 달러(11조 2800억 원)

전 세계에서 급속히 세력을 넓힌 물류 몬스터

전자상거래의 확대로 수요가 계속 증가하는 분야가 물류창고다. 일본에서 많이 알려지지 않은 글로벌 물류창고 회사가 급성장하고 있다.

2019년 4월 싱가포르의 대형 물류회사 GLP의 일본 법인은 지바현 나가레야마시에 'GLP 나가레야마 프로젝트'의 제2단계 사업으로 새로운 물류창고 다섯 동을 추가로 개발한다고 발표했다. 이미 가동하고 있는 시설을 포함한 전체 프로젝트의 총면적은 약 90만㎡. 도쿄돔 20개에 달하는 거대한 물류창고다. 전체 개발 비용도

약 1조 8400억 원이라는 큰 금액을 투자했다.

이 물류창고는 일본 최대 규모일 뿐만 아니라 지금까지는 없었던 여러 기능을 추가했다. 예를 들면, 나가레야마시의 인증을 받은 20~30명 규모의 보육 시설을 갖추고 있다. 또한, 심야나 이른 아침에 일해야 하는 운전자 등을 배려해 샤워실, 무인 세탁소 등도 설치했다.

GLP는 나가레야마시 이외에도 일본 각지에 많은 물류창고를 운영하고 있다. 2009년에 일본 법인을 설립한 후 급성장세를 이어가며 각 지역에 총 106동, 총면적 558만m²의 물류창고를 운영한다. 가나가와현 사가미하라시에도 나가레야마와 유사한 규모의 거대 물류창고를 건설하고 있다.

세계 각지에 거대한 물류창고를 건설하다

전자상거래를 중심으로 이루어지는 물류 수요의 확대는 전 세계적인 흐름이다. GLP의 물류 시설은 중국에서 총면적 2920만m²(개발 중인 곳 포함), 미국에서도 총면적 약 1620만m²로 각각 양국에서 최대 규모를 자랑한다. 유럽과 브라질 등에서도 적극적으로 사업 확장에 나서고 있다.

GLP가 전 세계에서 운영하는 물류창고의 총면적은 7300만m²로 최대 규모이며, 운용 자산의 총액은 640억 달러(76조 8000억 원)에 달한다.

스포츠, 화장품, 자동차……, 모든 글로벌 기업을 매료시키다

GLP의 거대한 물류 네트워크는 전 세계의 대기업들을 매료시키고 있다. 전자상거래 분야에서는 아마존과 더불어 중국의 징둥상청京東商城 등이 GLP의 고객이며, 스포츠용품 제조사로는 독일의 아디다스, 화장품 분야는 프랑스의 로레알과 미국의 에스티로더, 자동차 제조사로는 독일의 다임러와 BMW 등이 이용하고 있다.

GLP의 강점은 물류창고에만 집중하여 꾸준히 축적해 온 효율적인 시설 설계와 운영 노하우다. 컨베이어나 로봇 등을 활용한 자동화로 비용을 절감한 점도 자랑거리다. 물류창고의 글로벌 승자로서 GLP의 존재감은 더욱 높아지고 있다.

CHAPTER 12

헬스케어

알파 타우 메디컬
Alpha Tau Medical

068

의료 기기
이스라엘

_____

암세포의 DNA를 '알파 입자'로 파괴하다

'알파 입자'를 방출해 암세포 DNA(유전자)를 파괴할 수 있다. 모든 사람이 두려워하는 암 치료에 혁신을 불러일으킨 이러한 신기술에 전 세계가 주목하고 있다.

이러한 기술을 개발한 업체는 이스라엘의 의료 벤처기업 알파 타우 메디컬Alpha Tau Medical이다. 그들이 개발한 새로운 방사선 치료법은 '알파 다트'라고 불리는데, 알파 입자를 방사하는 항체를 고형 종양에 부착시켜 항체 주위의 암세포를 사멸시키는 치료법이다.

기존의 엑스선이나 감마선을 이용한 방사선 치료로 효과가 낮았던 종양은 물론, 이미 방사선 치료를 받은 종양, 화학요법으로 치료하지 못한 종양 등에도 효과를 기대할 수 있다.

기존의 암 치료와 병행할 수 있고, 종양 발생지 주위의 건강한 조직이 입는 피해도 최소화할 수 있다. 따라서 환자의 부담이 가장 적은 치료법으로 기대되고 있다. 알파 다트 치료는 기본적으로 입원도 필요 없다고 한다.

임상 시험을 통해 밝혀진 뛰어난 치료 효과

이미 이스라엘과 이탈리아의 두경부암 환자를 대상으로 한 임상 시험에서 뛰어난 치료 효과를 얻었다고 한다. 임상 시험 환자는 총 15명이고 경과 관찰 기간은 30~45일간이었다. 암세포가 작아지거나 사멸한 환자의 비율을 나타내는 완전 주효율은 73.3%, 반응률은 100%였으며, 피험자에게 발생한 부작용은 허용 범위 내에서 가벼운 수준이었다고 한다.

일본에서도 2019년 5월부터 치료를 시작했다. 헤카바이오(도쿄, 주오)가 독립행정법인 의약품의료기기종합기구(PMDA, Pharmaceuticals and Medical Devices Agency)에 알파 다트를 사용한 시험치료계획 신고서를 제출했다. 방사선 치료 경험이 있는 재발성 두경부암 환자와 방사선 치료 경험이 있고 내과 치료의 효과가 낮으며 다른 치료 방법이 없다고 판단한 재발성, 난치성 유방암 환자를 대상으로 임상 시험을 시행한다. 2021년 시장 보급을 목표로 진행 중이다.

세계 각지에서 임상 시험을 진행하고 있는데 앞으로 더욱 확실한 효과가 나타나면, 암의 새로운 치료 방법으로 전 세계에 확산될 가능성이 크다.

아라빈드 안과 병원 ^{Aravind}

Eye Hospital

069

의료 기관
인도

빈곤층의 실명을 예방하는 인도의 의료 기관

너무 가난해서 백내장에 걸려도 제대로 된 치료를 받지 못해 실명하고 만다. 13억 인구 중에 빈곤층이 두꺼운 인도에서는 눈 관련 질병으로 실명하는 사람이 많다.

이 문제를 어떻게든 해결하기 위해 '피할 수 있는 실명은 없애자'라는 목표를 세우고, 인도에서 활동하는 곳이 아라빈드 안과 병원 Aravind Eye Hospital이다. 남인도에서 10곳 이상의 안과 전문 병원을 운영하는 이곳의 비즈니스 모델은 매우 혁신적이다.

돈이 없는 환자는 무료로 진찰하고 돈이 있는 환자에게 진료비를 더 받겠다는 전략이다. 실제로 백내장 수술을 받은 환자 중에 절반 가까운 환자가 무상으로 치료를 받았다. 전체의 35%가 비용의 3분의 2를 부담하고, 18%가 의료비를 웃도는 비용을 내는 3단계 수술 비용 시스템이다. 아라빈드 계열의 병원에서는 1년에 420만 명에 가까운 외래 환자를 치료하고, 48만 건이 넘는 수술을 한다. 이 가운데 유료 수술은 24만 건이 조금 넘는다.

낮은 의료비는 '맥도날드식 제조 방식'으로 불리는 효율성을 높인 진찰, 수술 시스템을 도입하여 실현한 것이다. 아라빈드 주력 병원에서는 하루에 200건이라는 경이적인 숫자의 수술을 시행한다. 수술실은 커다란 공간에 여러 대의 수술대가 죽 늘어서 있고, 의사와 간호사는 차례차례 작업을 수행하듯 옆 침대로 이동해 가며 환자를 시술하는 구조다. 선진국에서는 상상도 하지 못할 일이지만, 많은 환자를 효율적으로 수술할 수 있는 이러한 시스템이 의료비용 절감으로 이어졌다.

인공 렌즈 비용을 큰 폭으로 절감

의료비를 낮추기 위해 백내장 수술에 사용하는 인공 렌즈 비용 절감에도 힘쓰고 있다. 아라빈드 안과 병원은 '오로랩Aurolab'라는 의료 기기 회사를 설립했다. 이를 통해 유통에 들어가는 비용이나 수익을 절감하여 인공 렌즈의 가격을 크게 줄였다. 오로랩은 이러한 노하우를 살려 제조 영역까지 진출했다. 안과용 약품에 더해 심장 혈관 봉합사, 현미경 수술용 봉합사, 소독약 등도 제조하고 있다.

아라빈드 안과 병원의 설립자는 의사인 고빈다파 벤카타스와미 박사다. 빈곤층도 부담 없이 치료받을 수 있는 의료 기관을 목표로 병원을 설립했다. 병원을 운영하는 한편 오로랩도 설립하여 수술용품, 의료 기기, 약품 제조 등도 직접 조달하는 시스템을 구축해 저비용 의료 체계를 실현한 것이다.

이 모델은 인도 이외에도 빈곤층이 많은 여러 신흥국에 적용할 수 있다. 이미 오로랩이 제조하는 저가 인공 렌즈 등의 의료 제품은 해외 수출을 확대하고 있으며, 의료 기관 시스템을 포함해 '아라빈드 의료 모델'이 점차 전 세계로 퍼져나가고 있다.

070

칼리코 ^{Calico}

불로불사 연구
미국

불로불사를 연구하는 구글의 벤처기업

구글은 2013년 '불로불사'를 연구하는 신기한 자회사를 설립했다. 미국 실리콘밸리 지역에 본사를 둔 칼리코^{Calico}다. 당시 회사를 설립한 목적에 대해 구글 창업자 래리 페이지는 이렇게 말했다. "건강, 행복 그리고 장수에 중점을 둔 회사다."

그의 말대로 칼리코는 최첨단 테크놀로지를 활용해 수명을 제어하는 연구에 몰두하고 있다. 그들은 인류가 더 오래, 건강한 삶을 살 수 있는 세계를 목표로 한다.

칼리코에 모인 사람들은 의학, 신약, 분자생물학, 유전학, 계산생

물학 등을 전공한 과학자들이다. 창업자이자 CEO인 아서 레빈슨은 1995~2009년까지 미국의 바이오 벤처기업 지넨테크의 CEO였고, 미국의 애플과 구글의 이사를 역임한 인물이다. 미국 오바마 전 대통령으로부터 국가 기술혁신 훈장도 받았다.

최고과학책임자 데이비드 보트스타인은 유전자 공학의 제일인자로 유전자 발현과 유전자 상호작용 시스템 조절에 관한 연구 실적 등이 있다. 보트스타인 이외에도 장수 유전자와 신경세포, 생식세포 등을 연구하는 노화분자생물학 전문가 등 다양한 연구자가 불로불사 연구에 참여하고 있다.

의약품 개발도 시작하다

칼리코는 이미 고령으로 발생하는 질병과 관련하여 노화 연구와 치료에 초점을 맞추고 의약품을 개발하는 칼리코 라이프 사이언시스도 설립했다. 2019년 1월에는 의약품 개발책임자를 임명했고, 노화나 고령으로 인한 질병의 새로운 치료법을 연구하여 임상 시험도 준비하고 있다.

2018년에는 칼리코의 과학자가 "동물의 사망 위험은 나이와 함께 지수 함수의 곡선으로 증가한다"라는 곰페르츠의 법칙에 어긋나는 장수한 벌거숭이두더지쥐에 관한 연구 논문을 발표하여 주목을 받았다. 벌거숭이두더지쥐는 사람이나 말 등과 같은 형태로 늙지 않고, 고령의 징후가 거의 나타나지 않는다는 것이다.

이러한 연구 성과를 바탕으로 칼리코는 인간을 불로불사에 가까운 존재로 만들기 위한 치료법이나 의약품을 개발한다. 그들은 구글의 강점인 세계 최고 수준의 컴퓨터 기술을 활용하여 인류의 영원한 꿈을 실현하기 위한 연구 개발을 가속화하고 있다.

핀크 테크놀로지스
FiNC Technologies

071

헬스 테크놀로지
일본
기업 가치: 356억 엔(3560억 원)

퍼스널 AI로 예방 의료를 지원하다

2018년 9월, 550억 원이 넘는 투자 유치에 성공했다고 발표한 헬스 테크놀로지 벤처기업이 있다. 일본의 핀크 테크놀로지스^{FiNC} Technologies(도쿄, 지요다)다. 그들은 AI와 예방 의료에 초점을 맞춘 스마트폰 애플리케이션 'FiNC'를 운영한다. 이용자가 점점 늘어나 현재 애플리케이션 다운로드 수는 530만 회를 돌파했다(원서 출간 시점 기준).

전문가의 감수를 거친 건강, 미용, 피트니스 등의 정보를 동영상과 기사로 제공한다. 하루에 걸은 걸음 수, 섭취한 칼로리 등을 자동으로 계산하여 이용자가 직접 입력해야 하는 부담을 줄인 라이프로그(개인의 일상을 인터넷 또는 스마트 기기로 기록하는 것) 관리 기능도 있다. 그뿐 아니라 AI를 활용한 채팅 기능을 더해 건강 관련 고민에 대해 조언도 해준다.

이용자의 고민이나 나이에 알맞은 헬스케어, 미용에 도움이 되는 '미션'이라는 프로그램도 제공한다. 이처럼 핀크는 건강과 미용을 지원하는 서비스에 힘을 쏟고 있다.

특히 핀크의 강점은 이용자에게 풍부한 콘텐츠를 제공하여 애플리케이션을 지속해서 이용하는 사람이 많다는 점이다.

핀크는 애플리케이션을 사용하는 이용자들의 데이터를 수집한다. 라이프로그 데이터는 누계 23억 건에 달하며 유전자 데이터도 8만 건에 이른다. 이러한 빅데이터는 다른 많은 기업의 상품 개발이나 마케팅에 도움이 되는 귀한 자료로 높은 가치가 있다.

30대 이하 여성들의 많은 지지를 얻다

핀크의 이용자 비율은 여성이 83%이며 30대 이하의 젊은 층이 많다. 도쿄도, 가나가와현, 지바현, 사이타마현 등 수도권 이용자의 비율이 30%에 달하지만, 서비스는 전국을 대상으로 제공한다. CEO인 미조구치 유지는 고등학생 때부터 헬스 트레이너로 활동하며 피트니스센터를 경영해 왔다. FiNC는 2012년 4월에 설립했다.

"테크놀로지로 이용자들의 운동, 영양, 휴식 등의 습관을 바꿔나가는 것이 목표다."라고 말하는 그는 FiNC의 비즈니스 모델이 사업의 원점인 피트니스센터와 유사하다고 설명했다.

피트니스센터에서는 회원에게 의류나 영양 보조제를 판매하고, 개인 트레이너 서비스 등을 제공하지만 회원 수가 한정된다. 하지만 FiNC의 헬스케어 플랫폼을 활용하면 더 많은 사람에게 건강에 도움이 되는 서비스를 제공할 수 있다.

구체적으로는 개개인의 건강 개선을 지원하는 '다이어트 가정교사'나 피트니스센터의 트레이닝과 온라인 식생활 지원을 결합한 '프라이빗 짐' 등의 서비스를 운영한다.

많은 자금도 확보한 FINC는 이제 거대한 건강 플랫폼으로 진화하고 있다.

인퍼비전 ^{Infervision}

072

의료용 AI 영상진단
중국

의료 영상을 AI로 진단하여 암 오진율 급감

AI의 딥러닝 기술을 활용해 순식간에 암을 진단하고, 오진율은 0.1%까지 낮출 수 있다.

이러한 획기적인 기술을 실용화한 기업은 중국의 인퍼비전^{推想科技 -Infervision}으로 의료용 AI 영상진단 시스템을 개발하는 벤처기업이다. 현장에서 의사가 이 기술을 활용하면 암 진단의 효율성과 정확성을 비약적으로 높일 수 있다고 한다.

예를 들면 기존에 10분 이상 걸렸던 의료 영상진단과 보고서 작성이 5초 정도면 가능해져 시간을 크게 단축할 수 있다. 이미 중국에서는 300곳이 넘는 의료 기관에서 이용하고 있다.

폐암 진단에 활용하다

AI 영상진단 시스템은 현재 폐암 진단에 활용하고 있다. 인퍼비전의 시스템은 AI가 의료 영상을 자동 판독하여 폐에 이상이 있는 부분을 확인하고, 그 부분의 크기나 위치 등을 표시한다. 의사는 AI가 이상하다고 표시한 영상의 해당 위치를 보고 암인지 아닌지를 진단한다. 의사의 진단 결과도 시스템에 피드백되어 정확도가 한층 높아지는 구조다.

인퍼비전은 2015년에 설립되었다. 창업자이자 CEO인 첸콴은 미국 시카고대학에서 유학할 당시 AI의 심층 학습을 활용하여 의료용 영상진단을 효율화할 수 있다고 판단했다.

중국으로 돌아온 그는 미국 유학 등의 경험이 있는 젊고 우수한 소프트웨어 기술자 100여 명을 고용했다. 연구 개발에 집중하여 AI을 활용한 의료용 영상진단 시스템 실용화라는 결실을 맺었다.

인퍼비전의 영상진단 시스템은 일본의 의료 기관에서도 사용하기 시작했는데 의료법인 CVIC(도쿄, 신주쿠) 등 여러 곳에서 이미 인퍼비전의 시스템을 도입했다. 인퍼비전은 일본 이외에도 미국이나 독일에 거점을 마련해 사업을 확대하고 있다.

의사가 놓치기 쉬운 작은 암도 발견

AI를 활용한 의료 영상진단은 앞으로 전 세계에 확산될 가능성이 크다. 폐암의 경우 AI는 의사가 놓치기 쉬운 6mm 이하의 작은 결절을 발견하는 능력이 뛰어나다. 이와 같은 기술을 다양한 영상진단에 응용할 수 있기 때문이다.

인퍼비전에 의하면 암뿐 아니라 골절이나 기흉, 출혈성 뇌졸중 등의 진단에도 AI 기술을 활용할 수 있다고 한다. AI와 영상진단을 조합하여 새로운 의료 기술의 발전 가능성이 더욱 커지고 있다.

073

가정용 소변 검사
이스라엘

헬시아이오 Healthy.io

AI를 사용한 가정 내 소변 검사로 신장병 예방

미국의 성인 3명 중 1명이 걸린다는 만성 신장병 진단에 필수적인 것이 소변 검사다. 하지만 정기적으로 소변 검사를 받는 사람은 30%에도 미치지 않는다.

여성에게 잦은 요로감염증도 소변 검사로 발견할 수 있다. 특히 임신 중인 여성의 소변 검사는 매우 중요한데, 임신으로 인한 합병증을 조기에 발견할 수 있기 때문이다.

스마트폰과 전용 키트로 간편하게 검사

　이처럼 중요한 소변 검사를 스마트폰 카메라와 전용 키트를 이용해 집에서 간단히 할 수 있는 기술을 개발한 곳이 이스라엘의 벤처기업 헬시아이오Healthy.io다.

　사용법은 간단하다. 컵에 소변을 담고 헬시아이오가 독자적으로 개발한 스틱을 넣으면 스틱 표면에 부착된 감응부 10곳의 색이 변하는데, 그것을 스마트폰으로 촬영하면 만성 신장병이나 임신 관련 합병증 등을 판독하여 곧바로 위험을 알려주는 구조다.

　소변 검사 결과를 자동으로 자신의 단골 병원에 보낼 수도 있다. 환자는 이상 유무를 병원에 가지 않아도 확인할 수 있고, 병원에서는 업데이트된 환자의 데이터를 전자 진료카드에 추가로 기록하여 관리한다.

　스마트폰에 탑재된 카메라의 종류나 조명 등이 제각각 달라 색의 변화를 정확하게 판단하기는 어렵다. 하지만 헬시아이오는 AI를 활용해 컴퓨터의 비전 알고리즘과 조정 기술로 정확하게 판정할 수 있다고 한다.

　의료 기관에서 받는 검사와 동등한 수준의 정밀도가 높은 검사 기술로 미국 식품의약국(FDA)의 승인을 얻었고, 모든 EU(유럽연합) 가맹국의 기준을 충족했음을 나타내는 'CE 마크'도 취득했다.

　헬시아이오의 설립자이자 CEO인 조나단 아디리는 14세부터 이스라엘의 오픈대학에서 공부하고, 18세에 국제관계학 학위를 취득했다. 그 후 텔아비브대학에서 정치학과 법률학 석사 학위도 받았다.

이스라엘 대통령이 초대 CTO로 임명

조나단 아디리는 2008~2011년까지 당시 이스라엘의 시몬 페레스 대통령 직속의 초대 CTO(최고기술책임자)를 지냈다. 20대 중반이었던 그는 기술 외교 전략을 입안했다. 우주, 농업, 바이오테크놀로지 등의 분야에서 이스라엘의 기술을 전 세계로 수출하는 일에 힘을 쏟았다.

2009년 미국의 샌프란시스코에 본사를 둔 차량 공유 벤처기업 '겟어라운드^{Getaround}'의 창업에 참여한 후, 2013년 헬시아이오를 설립했다. 이 조숙한 천재는 의료 분야에서 테크놀로지로 큰 혁신을 일으키고 있다.

모더나 세라퓨틱스
Moderna Therapeutics

074

항암제
미국
기업 가치: 72억 달러(8조 6400억 원)

환자의 몸으로 만드는 '암 치료 약'

암에 걸려 항암 치료를 시작하면 효과는 적지만 메스꺼움, 식욕 부진, 팔다리 저림, 탈모 등 여러 부작용에 시달린다. 많은 암 환자들이 이런 고민을 안고 있다.

가장 이상적인 암 치료법이란 어떤 것일까. 그것은 분명 부작용은 거의 없이 암세포만 사멸시키는 치료법일 것이다. 그런 꿈같은 기술을 개발하고 있는 곳이 미국 보스턴 근교에 본사를 둔 모더나 세라퓨틱스Moderna Therapeutics다.

모더나는 DNA(유전자)를 복사한 유전자 정보에 맞추어 단백질을 합성하는 '메신저 RNA(mRNA)'를 이용해 몸속에서 인간의 세포가 '치료 약'을 만드는 기술을 개발한다. 암세포를 파괴하는 단백질을 인공적으로 만들어 체내의 필요한 장소에 전달하는 기술이다. 암세포만 골라서 공격하기 때문에 기존 치료법과 비교해 높은 효과를 기대할 수 있고, 부작용이 적은 이상적인 암 치료법이라고 한다.

모더나는 개개인에게 적합한 맞춤 치료 약을 제공한다. 먼저 암 환자의 종양 조직과 혈액에서 검체를 떼어내 암을 발생시킨 변이가 무엇인지 컴퓨터 기술로 분석하여 원인을 밝혀낸다. 이렇게 분석한 데이터로 종양 공격에 효과를 발휘할 수십 가지 단백질을 예측하고, 그것을 mRNA의 약에 집어넣는다. 제조 과정은 자동화되어 인간이 거의 개입하지 않는다고 한다.

2016년 모더나는 미국의 의약품 업체인 머크^{Merck}와 개별화 암 백신을 공동 개발하는 제휴를 맺으며, 2억 달러(2400억 원)의 선수금을 받았다. 두 회사는 2018년에 계약을 갱신하며 실용화를 향한 준비에 박차를 가하고 있다. 임상 시험을 거듭하며 효과와 안전성도 검증했다. 모더나는 영국의 아스트라제네카^{AstraZeneca}와도 암 치료 약 개발 제휴를 맺으며, 의약품 업계에서 많은 주목을 받고 있다.

감염증 예방과 혈관 질환, 신장 질환 치료로 범위 확대
모더나가 개발한 신약 기술이 적용될 수 있는 분야는 암 치료에 한정되지 않는다. 바이러스성, 세균성, 기생충성 감염증의 예방과 치료를 위한 백신, 혈관이나 신장 질환 등의 치료 약과 관련한 제약 회사와도 제휴하고 있다. 모더나는 현재 신약 개발과 관련하여 20개의 프로그램을 진행하고 있다고 발표했다.

그뿐 아니라 미국의 국방고등연구기획국(DARPA)도 감염이나 생화학 무기에 대처하기 위한 신약 기술 개발 연구비로 모더나에 2460만 달러(295억 2000만 원) 상당의 보조금을 지원했다.

모더나의 혁신 기술은 의료의 기본적인 접근 방향을 근본부터 완전히 바꿀지도 모른다.

CHAPTER 13

유통・음식 배달・식품

딜리버루^{Deliveroo}

075

음식 배달
영국
기업 가치: 20억 달러(2조 4000억 원)

유럽 최고의 음식 배달 서비스

스마트폰 애플리케이션으로 음식점에 주문하면 30분 이내에 뜨끈뜨끈한 요리가 배달된다. 이러한 배달 서비스로 유럽에서 최고의 위상을 자랑하는 기업은 영국 런던에 본사를 둔 딜리버루^{Deliveroo}다.

스마트폰이나 인터넷 사이트를 통해 가까운 음식점에 주문하면 다양한 요리를 바로 배달받을 수 있다. 평균 배달 시간은 30분 이내로 매우 짧다. 음식점 근처의 배달원이 자전거 등을 이용해 주문한 음식을 배달한다. 음식점에서 수수료를 받고 고객에게도 배달료를 받는 비즈니스 모델이다.

딜리버루는 2013년 대만계 미국인 윌리엄 슈가 설립했다. 2012년 미국 노스웨스턴대학에서 MBA를 취득하고, 미국의 투자은행 모건스탠리 런던 사무실에서 근무했다. 그는 당시 늦게까지 일할 때마다 제한적인 음식 배달 서비스에 불만을 품었다고 한다.

그래서 슈는 딜리버루를 설립했다. 순식간에 입소문을 타고 비즈니스가 확대되어 프랑스 파리, 독일 베를린, 아일랜드 더블린 등에 진출했다. 지금은 유럽을 중심으로 싱가포르, 아랍에미리트, 홍콩 등 세계로 뻗어나가 14개국 500개 이상의 도시에서 사업을 전개하고 있다.

서비스도 진화하고 있다. 2017년 11월에는 영국에서 고객이 월 11.49파운드를 내면 무제한의 무료 배달 서비스를 시작했다. 단골

런던 거리를 누비는 딜리버루의 배달원

을 확보하여 수익을 확대하려는 전략이다.

'고스트 레스토랑'의 창업을 돕다

기존의 일반 음식점뿐 아니라 배달만 전문으로 하는 '고스트 레스토랑'의 창업도 지원한다. 음식 배달을 원하는 고객의 잠재적인 수요가 많지만, 배달할 수 있는 음식점이 적은 지역에 주방 건물을 세우고, 그곳에 음식점을 낼 사람을 찾아 메뉴 관리와 직원 고용 등을 맡긴다. 음식점 주인은 비싼 임대료를 내고 넓은 공간을 빌릴 필요가 없으므로 비용을 크게 줄일 수 있어 고스트 레스토랑의 창업은 장벽이 낮다.

최대 경쟁자는 차량 공유로 유명한 미국 우버 테크놀로지스의 음식 배달 서비스인 '우버 이츠'다. 딜리버루와 유사한 시스템으로 전 세계에 서비스를 확대하고 있다. 음식 배달의 이노베이터와 차량 공유의 거인이 벌이는 경쟁은 한층 커질 전망이다.

어러머 Ele.me

076

음식 배달
중국
기업 가치: 60억 달러(7조 2000억 원)

중국의 음식 배달 서비스의 걸리버

어러머餓了麼-Ele.me. 중국어로 '배고파?'라는 의미의 음식 배달 서비스가 중국에서 큰 인기를 얻고 있다. 현재 어러머는 중국 최대의 전자상거래 기업 알리바바그룹의 자회사가 운영한다.

스마트폰 애플리케이션으로 음식점과 요리를 골라 주문하면 집이나 학교, 사무실 등에 음식을 배달해 준다. 슈퍼마켓이나 편의점 상품, 스타벅스와 같은 전문점 커피, 약품 등 취급하는 상품을 확대해가며 점차 '쇼핑 대행 서비스' 회사로 성장하고 있다.

어러머는 2009년 상하이교통대학에서 석사과정을 밟던 장쉬하오가 설립했다. 당시 중국에서는 음식 배달 서비스가 거의 없었고, 음식점에서 직접 요리를 주문해 들고 오는 방식이었다. 이과 계열 대학원 등에서 공부하는 바쁜 학생들이 직접 가서 음식을 사 오는 것은 매우 귀찮고 번거로운 일이었다. 그래서 장쉬하오는 자연스레 배달 서비스를 떠올렸다. 대학원 친구들과 음식 배달 서비스에 관한 이야기를 나누다가 사업을 점점 구체화하여 창업을 결정했다고 한다.

대학에서 시작된 음식 배달 서비스

소프트웨어 기술자도 멤버로 참여하여 인터넷으로 음식을 주문하면 자동으로 음식점 단말기에 전달되는 시스템을 개발했다. 처음에는 스마트폰이 그다지 보급되지 않아, PC가 있는 학생들을 위한 한정 서비스로 시작했다. 상하이교통대학의 음식 배달이 입소문을 타고 다른 대학으로 급속히 퍼지며 단숨에 대학을 중심으로 사업을 확대해 나갔다.

2010년 이후, 중국에서 스마트폰의 보급이 가속화되었다. 그러한 흐름을 타고 장쉬하오는 상하이라자쓰데이터과기上海拉扎斯信息科技를 설립해, 대학을 넘어 일반인을 위한 음식 배달 서비스를 제공하기 시작했다. 베이징, 쑤저우, 하얼빈, 난징, 선전 등 서비스를 제공하는 도시를 점점 늘려나갔다.

급격하게 수요가 확대된 계기는 전자 결제 시스템의 보급에 있다. 음식 배달에 전자 결제 시스템을 도입하며 귀찮은 돈거래가 사라지자 이용자가 큰 폭으로 증가했다.

경쟁사를 인수하다

어러머는 알리바바그룹의 투자를 받아 2017년에는 경쟁사였던 중국의 인터넷 검색 기업 바이두 산하의 '바이두 와이마이百度外卖'를 인수했다. 이로 인해 중국의 음식 배달 서비스 시장에서 절반이 넘는 점유율을 차지하게 되었다. 5000만 명이 넘는 월간 활동 이용자와 2,000곳이 넘는 도시에서 130만 개에 달하는 음식점을 관리하는 존재가 되었다.

2018년 알리바바그룹의 완전 자회사가 된 어러머는 새로운 사업에 도전장을 내밀었다. 고령자용 식사 배달에 더해, 2018년에는 고령자 돌봄 서비스 시장에도 진출했다. 그뿐 아니라 상하이 지역의 배달에 드론을 사용하는 실험을 했고, 배달 로봇인 '완샤오어(万小餓)'도 개발하고 있다.

중국의 음식 배달 서비스는 급성장한 한편 경쟁도 심해 어러머의 매출은 늘어났지만, 그에 비해 수익성은 개선이 필요한 상태다. 중국의 거대한 시장을 매료시킬 음식 배달 서비스가 과연 이익으로 연결될 수 있을지는 여전히 과제로 남아 있다.

인스타카트 ^{Instacart}

077

식료품 쇼핑 대행
미국
기업 가치: 76억 달러(9조 1200억 원)

고객이 원하는 슈퍼마켓에서 식료품 쇼핑을 대행한다

미국의 고급 슈퍼마켓 홀푸드를 인수한 아마존닷컴과 월마트가 치열한 경쟁을 벌이는 인터넷 식료품 판매 시장. 그 사이의 틈을 비집고 들어가 존재감을 높이는 식료품 쇼핑 대행 서비스 회사가 있다.

　미국 실리콘밸리에 본사를 둔 인스타카트^{Instacart}다. 지역에 따라 차이는 있지만 짧으면 주문 후 1시간 만에 배달하는 빠른 속도가 그들의 무기다. 미국의 최대 식료품 슈퍼마켓인 크루거^{Kruger} 이외에도 코스트코^{Costco}와 웨그먼스^{Wegmans} 등의 유명한 슈퍼마켓과 제휴하고 있다.

인스타카트는 일반인이 쇼핑을 대행하고 집까지 배달해 준다.

홀푸드나 월마트뿐 아니라 또 다른 슈퍼마켓의 상품을 원하는 고객도 있다. 인스타카트의 인기가 높은 이유는 이렇게 고객이 원하는 슈퍼마켓에서 식료품 쇼핑을 대행하기 때문이다.

연간 99달러의 회비를 내고, 한 번에 35달러 이상 쇼핑하면 배달 요금이 무료다(뉴욕 맨해튼의 경우). 쇼핑할 때마다 배달료를 낼 수도 있는데, 2시간 거리의 배달 요금은 3.99달러다.

일반인이 여유 시간에 쇼핑 대행

인스타카트에서 쇼핑을 대행하는 사람은 자신의 여유 시간을 활용해 활동하는 '쇼퍼(쇼핑대행자)'라고 불리는 일반인이다. 고객이 스마트폰 애플리케이션으로 주문하면, 근처에 있던 쇼퍼가 매장에 가서 쇼핑하고 자가용 등으로 배달하는 시스템이다. 인스타카트는 소프트웨어 기술을 사용해 고객과 쇼퍼의 적절한 매칭으로 최단 시간 쇼핑을 대행한다.

인스타카트는 2012년 아마존의 기술자였던 아푸르바 메타가 설립했다. 처음에는 홀푸드의 식료품 배달로 성장 기반을 다졌고, 이후 다른 여러 식료품 마켓으로 제휴를 확대해 나갔다.

2017년 홀푸드가 아마존에 인수되며 인스타카트와의 제휴도 끝났다. 하지만 "홀푸드 이외에도 다른 많은 슈퍼마켓과 제휴하고 있으므로 우리 경영에는 아무런 문제가 없다"라고 아푸르바 메타 CEO는 여유를 보였다.

메이투안 디엔핑 ^{Meituan-Dianping}

078

입소문 게시판과 배달 서비스
중국
기업 가치: 348억 달러(41조 7600억 원)

14억 명의 식생활을 노리는 플랫폼

최근 중국의 인터넷 기업 중에 큰 존재감을 드러내는 곳이 있다. 메이투안 디엔핑美团点评-Meituan-Dianping이다. 2015년 중국 최대의 음식점 및 일상생활 관련 입소문 게시 사이트 '다중디엔핑'과 음식 배달 서비스 업체인 '메이투안'이 합병하여 탄생한 메이투안 디엔핑은 2018년 자전거 공유 기업 '모바이크Mobike'도 인수하며 점차 사업을 확대해 나가고 있다.

주력 서비스는 스마트폰으로 주문한 음식을 배달하는 것이다. 어러머饿了么의 경쟁자이기도 하다. 2018년 메이투안의 배달 수주 건수는 전년도와 비교해 56%가 늘어난 64억 회에 달했다. 새벽이나 심야 등 취약 시간대에 배달 서비스를 강화한 것이 성장의 밑거름이 되었다.

메이투안의 하루 평균 배달 건수는 2400만 건, 이용자 수는 3억 명에 달했다. 입점한 음식점 수는 360만 곳이며, 배송 인력 수도 50만 명을 넘어섰다.

하지만 실적을 보면 문제점이 여실히 드러난다. 2018년 12월 기준 매출액은 전년 동기와 비교해 92% 늘어난 652억 위안(약 11조 원)이다. 그들이 주력하는 배달 서비스가 80% 이상 성장했지만, 자전거 공유 사업 등의 실적 부진 여파로 적자가 큰 폭으로 확대된 것이다.

메이투안은 2018년 9월 홍콩 증권거래소에 주식을 상장했지만, 실적 우려로 주가가 내려간 상태다. 2019년 3월 기준 시가 총액은 348억 달러(41조 7600억 원)로 상장 금액을 크게 밑도는 수준이다.

주식 상장으로 얻은 자금을 프로모션에 투입

메이투안은 주식 상장으로 얻은 자금을 활용해 배달 서비스를 강화했다. 대규모 프로모션을 전개하며 음식점 운영을 포함한 디지털화도 지원한다.

음식 이외의 배달 사업 확대도 가속화하고 있다. 특히 신선식품 배달에 주력하여 고객이 주문한 후 30분 이내에 상품이 도착하는 서비스를 제공한다. 의류, 생화 등의 배달에도 힘을 쏟고 있다. 음식 배달 이미지가 강한 메이투안이지만, 이미 다양한 분야에서 사업을 펼치고 있다. 호텔이나 숙박을 포함한 여행, 미용실, 영화나 연극 등의 예약 서비스가 대표 사례다.

채산성이 떨어지는 사업의 효율화를 목표로 힘을 키워나가면, 메이투안이 세계 최대의 식생활 플랫폼으로 성장할지도 모른다.

079

스냅딜 Snapdeal

온라인 쇼핑몰
인도
기업 가치: 65억 달러(7조 8000억 원)

구렁텅이에서 부활한 인도의 가상 상점가

인도 최대 규모의 온라인 쇼핑몰은 'Snapdeal.com'이다. 이곳을 운영하는 기업은 인도 뉴델리에 본사를 둔 스냅딜Snapdeal이다. 30만이 넘는 판매자가 6,000개 이상의 상품을 출품하고, 6,000곳이 넘는 도시와 마을에 서비스를 제공한다.

　스냅딜은 2010년 쿠날 발과 로히트 반살이 공동으로 설립했다. 처음에는 할인 쿠폰을 제공하는 사이트였지만 점차 온라인 쇼핑몰로 사업을 전환했다. 온라인 판매가 처음인 사람을 교육하는 프로그램을 만들고, 상품 포장이나 적절한 보충 타이밍을 알려주며 출점 업체 수를 늘렸다.

공동구매 사이트, 온라인 스포츠용품 소매업체, 수공예품 전문 온라인 쇼핑몰, 상품 비교 사이트 등을 잇달아 인수하며 사업을 확대해 나갔다. 그렇게 스냅딜은 단숨에 인도 최대의 온라인 쇼핑몰로 성장했다.

하지만 2016년 스냅딜은 심각한 경영 위기에 처했다. 마구잡이 인수 전략으로 매출액은 증가했지만, 적자가 큰 폭으로 확대된 것이다. 당시 경쟁자인 인도의 플립카트와 합병 가능성도 보도되었다. 2017년 두 회사의 합병이 급물살을 탔지만, 결국 스냅딜 주주의 반대로 합병은 좌절되었다.

그런 가운데 쿠날 발 CEO와 로히트 발살 COO는 스냅딜 재건에 고군분투했다. 그들은 '스냅딜 2.0'이라는 구조 조정 방안을 발표했다. 전자 결제나 물류와 같은 비주류 사업을 매각하고 인력 감축을 단행했다.

온라인 쇼핑몰에 집중하다

그들은 주력 사업인 온라인 쇼핑몰에 경영 자원을 집중하고, 출점한 점포와 상품 종류를 강화했다. 사무실 벽에 목표와 진행 상황을 점검할 게시판을 내걸고, 우수 사원을 표창하는 등 직원들의 사기를 높일 수 있도록 팀 단위의 변혁에 힘썼다.

아픔을 동반한 개혁은 성과를 낳았다. 점점 스냅딜의 매출이 늘고 수수료 수입도 증가해, 적자였던 현금 흐름을 흑자로 전환하는 데에 성공했다. 좌절을 이겨내며 기세를 회복한 스냅딜은 다시 거센 반공에 나서고 있다.

아리아케 저팬 Ariake Japan

080

조미료
일본
기업 가치: 2162억 엔(2조 1620억 원)

외식 산업을 움직이는 음식 시장의 인텔

아리아케 저팬Ariake Japan이라는 기업명을 소비자가 직접 마주하는 일은 거의 없다. 돼지 뼈나 닭 뼈, 소뼈 등의 원재료를 가공한 천연 조미료를 기업에 공급하는 숨은 조력자이기 때문이다. 그들의 이름은 간혹 소매점에서 판매하는 PB(Private Brand, 유통업체 자체 브랜드) 상품의 제조자로 라벨에 작게 적혀있을 뿐이다.

하지만 아리아케는 편의점에서 판매하는 도시락이나 반찬, 외식 체인점의 중식과 양식 요리, 즉석 면 등의 가공식품에 빠질 수 없는 존재로 축산 계열 천연 조미료 시장에서 약 50%의 점유율을 차지한다. 아리아케의 조미료 없이는 운영하지 못한다는 기업이 많아 '음식 시장의 인텔'이라는 별명을 가지고 있다.

아리아케는 2016년 6월 회장에서 특별 고문으로 물러난 오카다 기네오가 1966년에 설립하여 키워 온 회사다. 주요 고객으로는 편의점 업체인 세븐&아이 홀딩스, 나가사키 짬뽕으로 유명한 외식 업체 링거 핫, 식품 제조업체인 닛신 식품 홀딩스 등이 이름을 올리고 있다. 유명한 요리사 조엘 로부숑의 레스토랑에서도 아리아케의 육수를 사용한다. 매출 구성비는 외식용이 40%, 편의점 등의 간편식이 30%, 가공식품용이 30% 정도다.

생산 무인화와 똑같은 맛의 재현

아리아케의 강점은 생산 체계와 마케팅에 있다. 천연 조미료는 컴퓨터로 제어하며 거의 전자동으로 생산한다. 고객이 원하는 맛의 데이터를 컴퓨터에 입력하면, 닭 뼈나 채소 등의 원재료가 들어 있는 탱크에서 액체 추출물이 나와 배합되는 구조다.

창업 당시에는 사람 손으로 직접 거대한 냄비에 원재료를 넣고 몇 시간이나 펄펄 끓여야 하는 가혹한 3D(Difficult, Dirty, Dangerous) 현장에서 제품을 생산했다. 오카다 전 회장은 일부를 자동화로 전환했지만 "이대로는 오래 못 간다"라는 판단에 약 20년 전, 생산 과정의 완전 무인화를 결정했다. 총매출액이 100억 엔(1000억 원) 수준이었던 회사가 100억 엔이라는 거금을 투자해 최신 공장을 설립했다. 독자적으로 설계하고 개발한 설비에 큰 금액을 투자하는 것이 무모해 보였지만, 그것은 결국 지금의 높은 생산 효율성과 시장 진입 장벽을 낮추는 일로 이어졌다.

외식업계 등에서는 일손 부족이 심각해지며, 가게의 주방이나 센트럴 키친(체인점이나 병원, 학교 등의 집단 급식을 위한 중앙 집중식 조리 시설)에서 직접 끓이던 육수를 아리아케에 위탁하는 곳이 늘어나고 있다. 아리아케만큼 고품질의 제품을 안정적으로 공급할 경쟁사가 없어 외식업체 등에서는 믿고 의지하는 기업이다.

이처럼 안정적인 생산 체제의 강점은 고객 지향적인 제품 개발 및 영업과도 맞물린다. 오카다 전 회장은 "어떤 육수 맛이라도 재현해낼 수 있다"라고 장담한다. 미각의 5대 요소인 감칠맛, 단맛, 쓴맛, 신맛, 짠맛을 수치화하고, 과거로부터 축적한 거대한 데이터베이스를 바탕으로 고객이 원하는 맛을 그대로 만들어 낸다. 맛의 조합은 거의 무한하다고 할 수 있다.

외식 산업은 편의점 도시락 등 간편식이 늘어나고 현장 인력 부족으로 역풍을 맞고 있다. 편의점도 일본 내에 5만 개가 넘어서 포화 상태에 가깝다. 하지만 오카다 전 회장은 "외식업체는 상황이 어려워질수록 제품 개선이나 효율화에 힘쓴다. 그럴수록 우리가 나설 자리는 더욱 늘어날 것이다"라고 전망했다.

카르마^{Karma}

081

식품 판매 애플리케이션
스웨덴

식품 폐기를 줄이는 스마트폰 애플리케이션

세계적으로 먹지도 못하고 버리는 식품의 양은 엄청나다. 전 세계에서 매년 생산한 식량의 3분의 1에 해당하는 약 13억t의 식품이 버려진다고 한다. 식품 폐기물에서 연간 발생하는 이산화탄소의 배출량은 300만 대의 자동차에서 발생하는 것과 같으며, 음식 쓰레기는 1조 달러(1200조 원)의 경제 손실에 해당하는 금액이다.

심각한 사회 문제로 부각된 이러한 식품 폐기와 싸우는 벤처기업이 스웨덴의 카르마^{Karma}다. 카르마란 '업보'나 '보답'을 의미하는 단어다. 식품 폐기로 인해 인간이 받게 될 인과응보를 줄이려는 목

카르마에서 남은 음식을 판매하는 음식점과 식료품점이 늘어나고 있다.

적으로 이 이름을 사용하고 있다.

　카르마는 스마트폰 애플리케이션을 사용해 음식점이나 카페, 식료품점 등에서 남은 음식을 반값으로 고객에게 판매하는 플랫폼을 제공한다. 음식점 등에서 팔다 남은 음식이나 소비기한이 가까운 식품의 사진과 가격 등을 애플리케이션에 올려 일반 고객에게 판매한다. 신규 아이템을 작성해서 올리는 데 걸리는 시간은 3분, 이미 등록된 아이템을 재판매하는 데에는 15초가 걸린다.

가게도 고객도 즐거운 서비스
가게는 소비기한이 가까워 전부 팔기 어려운 식품을 처분할 좋은 기회고, 소비자는 저렴하게 식품을 살 수 있어 좋다. 카르마는 이를 통해 결과적으로 식품 폐기 감소에 공헌하는 것이다.

카르마의 서비스는 유럽에서 확산되고 있다. 프랑스 파리, 영국 런던, 스웨덴의 150개 도시에서 서비스를 제공하며, 소매업체나 음식점을 중심으로 약 2,000개의 업체가 참여하고 있다. 애플리케이션을 사용하는 이용자 수도 50만 명에 이른다.

카르마의 성장을 기대하는 투자자도 나타났다. 2018년 8월 카르마는 미국의 VC(벤처캐피털), 스웨덴의 가전회사 일렉트로룩스 등에서 1200만 달러(144억 원)의 투자를 유치했다.

세계적으로 식품 폐기가 사회 문제로 떠오르는 가운데, 판매자와 소비자 모두에게 혜택을 주는 카르마의 존재 의의는 앞으로 더욱 빛을 발할 것이다.

082

양식 기술
일본

우미트론 Umitron

IT 기술로 지속 가능한 수산 양식을 실현하다

'수산 양식을 컴퓨터로 제어해 오래갈 식량 생산 체계를 만들겠다.'
이러한 비전을 세우고 싱가포르와 도쿄의 거점을 중심으로 사업을
펼치는 벤처기업이 우미트론Umitron(도쿄, 미나토)이다.

세계적인 인구 증가와 신흥국을 중심으로 한 경제 발전이 계속
되는 가운데, 동물 단백질에 대한 수요는 꾸준히 늘어날 전망이다.
땅이 한정된 육지에서 육류의 생산 확대는 한계가 있다. 한편 바다
에서 이루어지는 어류 등의 인공 양식은 앞으로도 성장 가능성이
크다. 초밥은 유럽이나 미국, 아시아 등에서도 인기가 높아 생선 수

에히메현 아이난초의 수산 양식 현장에 설치한 스마트 사료 급여기 '우미트론 셀'

요는 꾸준하다. 따라서 안정적으로 수요에 대응할 수단으로 인공 양식에 관한 관심이 높아지고 있다.

하지만 해상에서 이루어지는 양식은 육상과 비교해 데이터 수집이 어렵고, 새로운 테크놀로지를 활용하기까지도 많은 시간이 걸린다.

그래서 우미트론은 센서 등의 IoT(사물인터넷) 기술이나 인공위성을 통해 얻을 수 있는 데이터를 활용한다. 사육 환경의 가시화와 사료 급여나 생육을 효율화하는 기술을 개발하여 수산 양식업의 생산 효율성을 높이겠다는 목적이다.

양식업 비용의 절반 이상을 차지하는 사료비 절감

우미트론이 개발한 기술의 대표 사례로는 어종을 분석하여 사료 급여를 최적화하는 기술이다. 2019년부터 에히메현 아이난초의 양식장에 스마트 사료 급여기 '우미트론 셀(Umitron Cell)'을 설치하고 스마트폰을 활용해 원격으로 사료를 급여하는 실험에 착수했다.

시스템이 완성되면 원격으로 관리하여 현장 작업을 줄이고, 날씨가 좋지 않을 때는 위험한 바다에서 작업하지 않아도 된다. 또한, 바닷속의 물고기가 어느 정도 먹이를 먹었는지 확인이 가능해져 사료 낭비를 줄일 수 있다. 이는 양식업 비용의 절반 이상을 차지하는 사료비용 절감으로도 이어진다.

우미트론은 일본뿐 아니라 아시아에서도 수요가 있다고 판단하여 인도네시아의 새우 양식장 등에서 실험을 시작했고, 글로벌 사업 전개를 고려하여 싱가포르에 거점도 마련했다.

세계 인구는 2018년 76억 명에서 2050년 97억 명까지 늘어날 것으로 보인다. 수산 양식 시장도 크게 확대될 가능성이 있다. 테크놀로지를 활용해 양식업의 생산성을 향상하면 우미트론의 사업 기회는 더욱 확대될 것이다.

CHAPTER 14

컴퓨터 · 인공지능

어펙티바 ^{Affectiva}

083

감정인식 AI
미국

인간의 감정을 인식하여 분위기를 읽는 AI

분노, 슬픔, 기쁨······. 인간의 표정 변화를 포착해 감정을 분석하는
AI(인공지능)가 주목받고 있다. 이것을 개발한 회사는 미국 매사추
세츠공과대학(MIT)의 벤처기업 어펙티바^{Affectiva} 다.

　감정을 인식하는 AI는 어디에 도움이 될까. 어펙티바가 주력하
는 분야는 자동차 운전이다. 운전자의 상태를 신속하게 감지하여
교통안전에 도움이 되는 AI를 개발하고 있다. 자동차 운전자의 얼
굴과 목소리를 통해 실시간으로 복잡하고 미묘한 감정과 인지 상
태를 판별하는 것이다. 이들이 개발한 AI를 활용하면 자동차 회사

나 부품 회사 등이 운전자 감시 시스템을 구축할 수 있다.

완전 자율주행이 아니면 인간이 운전하다가 자동으로 전환하는 일이 빈번하게 발생한다. 그때 인간의 감정과 인지 상태를 AI가 정확하게 파악하는 것이 안전 운전의 열쇠가 된다고 한다.

차내에 설치된 정밀한 카메라와 마이크를 사용하는 어펙티바의 AI 기술은 인간의 기쁨이나 분노, 놀라움 등의 표정은 물론 목소리 톤, 빠르기, 크기 등을 분석하여 운전자가 어떤 상태인지 판별한다. 예를 들어 운전자가 졸린 상태인지 아닌지를 판단할 때는 눈을 감고 있는지, 하품하는지, 눈을 깜박이는 빈도가 변하는지 등을 민감하게 감지한다.

이러한 데이터는 클라우드에 전송해 분석할 뿐 아니라, 바로 그 자리에서도 처리할 수 있어 신속한 정보 분석이 가능하다.

세계 87개국 650만 명의 얼굴을 분석

어펙티바는 감정인식 AI를 개발하기 위해 세계 87개국 650만 명의 표정 변화 동영상을 분석했다. 폭넓은 연령층, 민족, 성별 등 수많은 데이터를 기반으로 감정인식의 정밀도를 높였다.

'어프덱스(Affdex)'라는 영상이나 광고, TV 프로그램에 대한 소비자의 감정 반응을 측정하는 AI도 개발하고 있다. 동영상 광고 등의 디지털 콘텐츠와 시청자의 감정을 분석하면, 더욱 효과적인 광고를 만들어 소비자의 구매 행동으로 연결할 수 있다고 한다.

대표 사례로 방송국 중에서는 미국의 CBS가 어펙티바의 AI를 활용한다. 그들은 웹 카메라로 200명이 넘는 시청자의 표정 변화를 모아 60분간 이어지는 TV 드라마를 보며 변하는 감정 반응을 분석한다. 그중에서 반응이 격렬한 장면을 찾아 TV 프로모션 등에 사용한다. 이러한 기술은 시청자의 감정에 호소하여 재미있다고 느낄만한 콘텐츠 만들기에도 큰 도움이 될 것이다.

비디오 광고 네트워크 이버징eBuzzing은 어떤 콘텐츠가 시청자에게 가장 강력한 감정 반응을 불러일으켰는지 찾아내기 위해 어펙티바의 AI를 사용했다. 유튜브에 게재한 40개의 동영상 광고를 대상으로 2,600명의 시청자 표정을 수집해 감정 반응과 SNS 공유의 상관관계를 분석했다.

감정적인 광고는 공유할 가능성이 4배나 높다

그 결과, 감정적인 광고는 그렇지 않은 광고보다 다른 사람과 공유할 가능성이 4배나 높았다. 또한, 인간을 웃게 만드는 동영상 광고는 그렇지 않은 광고보다 유튜브에서 1000만 번 이상 재생될 가능성이 5배나 높은 것으로 밝혀졌다.

인간의 감정을 읽는 AI는 자율주행 기술뿐 아니라 기업의 마케팅 전략에도 유효한 것으로 밝혀졌다.

디웨이브 시스템스
D-Wave Systems

084

양자컴퓨터
캐나다

양자컴퓨터로 상식을 파괴하다

2019년 캐나다의 벤처기업 디웨이브 시스템스^{D-Wave Systems}의 양자컴퓨터(Quantum Computer)가 일본에 처음으로 상륙했다.

도쿄공업대학과 도호쿠대학이 공동 연구센터를 만들고, 다수의 민간 기업이 참여해 이용 요금을 부담할 전망이다. 지금까지는 클라우드를 통해 북미에 설치된 기계를 이용해 왔는데 이제 일본 기업이 양자컴퓨터를 완전하게 활용하는 시대가 드디어 시작된 것이다.

2018년 양자컴퓨터는 커다란 전환점을 맞이했다. "지난 몇 개월 사이에 소프트웨어가 눈부시게 진화했다. 2018년에는 약속한 대로

'양자 초월성'을 실현했다. 나는 매우 낙관적이다." 미국 구글에서 2013년부터 양자 인공지능 연구소를 이끄는 연구자 하르트무트 네벤은 이렇게 말했다.

그의 말을 믿는다면 구글은 앞으로 슈퍼컴퓨터가 아무리 진화해도 결코 도달할 수 없는 성능을 손에 넣었다. 이것이 그가 말한 양자 초월성이 지닌 의미다. 슈퍼컴퓨터가 수백 년이 걸려도 풀지 못하는 문제를 단숨에 풀 수 있어 인류는 신의 영역에 발을 내디딘 것과 같다.

양자컴퓨터는 미시 세계에서 움직이는 물리 법칙인 '양자 역학'을 사용해 계산하는 기계다. 0과 1 양쪽이 동시에 존재하는 '양자 비트'를 이용해 방대한 숫자의 계산을 수행한다. 양자 비트를 늘리면 계산 능력은 지수 함수적으로 증가한다. 9큐비트[*] 는 512가지(2의 9제곱), 20큐비트는 약 100만 가지(2의 20제곱)의 계산을 순식간에 끝낸다.

전문가들 사이에서는 양자 비트가 50을 넘으면 양자 초월성에

디웨이브의 양자컴퓨터와
반도체 회로

도달한다고 알려져 왔다. 구글이 2018년 3월에 발표한 양자 프로세서 '브리슬콘(Bristlecone)'의 큐비트 수는 72개였다. 하트무트 네벤은 다양한 실험을 통해 양자 초월성을 실증하겠다고 밝혔다.

양자컴퓨터는 오랫동안 인류가 품어온 '꿈의 기술'이다. 왜냐하면, 1981년 양자컴퓨터의 실현 가능성이 예언되었지만, 현실 세계에서는 양자 비트를 늘릴 방법을 찾지 못했기 때문이다. 양자 비트는 오류가 발생하기 쉬워 정확한 계산 결과를 끌어내려면 수백만 개의 양자 비트가 필요하다고 여겨져 왔다. 수십 년이라는 개발 기간과 십조 원 단위의 비용이 필요하다고 알려져, 실용화는 빨라야 2050년이라는 전망이 일반 상식이었다.

그러한 상식을 뒤집은 곳이 디웨이브다. 2011년 기존과는 다른 발상으로 양자컴퓨터를 세계 최초로 상용화했다. 2015년에 검증된 처리 속도는 컴퓨터의 대략 1억 배로 광속(시속 10억 8000만km)과 인간의 달리기(시속 10km) 정도의 차이가 있다. 한편 소비전력은 15kW로 세계 최고속 슈퍼컴퓨터 '서밋(Summit)'의 약 500분의 1에 불과했다.

2019년 2월 디웨이브는 양자컴퓨터의 차세대 기종 사양을 공개했다. 양자 비트 수를 2,000개에서 5,000개 이상으로 늘리고, 양자 비트 간의 결합수도 6개에서 15개 이상으로 늘린다고 한다. 이를 통해 양자컴퓨터의 계산 능력은 크게 향상될 것으로 기대한다.

---

* 물질의 최소 단위인 양자(quantum) 정보의 단위. 일반 컴퓨터가 정보를 0과 1의 값을 갖는 비트 단위로 처리하고 저장하는 것과 달리 양자컴퓨터는 0과 1의 상태를 동시에 갖는 큐비트(qubit) 단위를 쓴다. - 편집자주

085

매직리프 ^{Magic Leap}

웨어러블 컴퓨터
미국
기업 가치: 63억 달러(7조 5600억 원)

비밀의 베일을 벗은 MR의 이노베이터

상품을 출시하지도 않았는데 23억 달러(2조 7600억 원) 이상의 투자 유치에 성공한 MR(복합현실) 벤처기업이 있다. 미국 플로리다주에 본사를 둔 매직리프^{Magic Leap}다. 2010년에 설립한 이후, 화제는 무성했지만 상품 개발에 시간이 오래 걸린 기업이다.

그런 매직리프가 드디어 헤드마운트 디스플레이(HMD, 머리에 쓰는 디스플레이 장치) 방식의 복합현실 웨어러블 컴퓨터 '매직리프 원'을 2018년 8월에 발매했다. "소문이 무성했던 만큼 기대에 미치지 못한다"라는 일부 비판의 목소리도 있지만, 2,295달러(약 276만 원)

매직리프 원을 장착하면 현실 공간이 다른 세계로 변한다(위는 게임 영상 이미지).

를 내고 정식 제품을 손에 넣은 이용자들 사이에서는 긍정적인 의견이 눈에 띄기 시작했다.

마치 다른 세계를 경험하는 느낌이다

"마치 내가 정말로 다른 세계에 있는 것 같다." 매직리프의 단말기로 MR 게임을 체험하면 압도적인 몰입감이 든다고 평가하는 사람도 있다. 예를 들면 영화 〈스타워즈: 라스트 제다이〉에 등장한 캐릭터가 정말로 존재하는 것처럼 눈앞에서 돌아다니거나 기뻐하기도 한다. 마치 자신이 그 세계의 일부가 된 듯한 몰입감을 체험할 수 있다.

특히 VR(가상현실)이나 MR(복합현실) 콘텐츠 개발자들의 긍정적인 평가가 많다. 단말의 처리 능력이 뛰어나고, 콘텐츠 제작의 자유도가 높기 때문이다. 매직리프 원과 경쟁하는 마이크로소프트의 '홀로렌즈(HoloLens)'는 하드웨어의 제약 때문에 3D(3차원) 모델의 폴리곤(Polygon, 3차원 컴퓨터그래픽에서 입체 형상을 표현할 때 사용하는 가장 작은 단위인 다각형) 수나 데이터 용량을 줄여야 했던 콘텐츠도 매직리프의 단말은 그대로 실행할 수 있다.

복합현실은 게임뿐 아니라 비즈니스의 세계에서도 활용 가능성이 무한하다. 제조 현장의 연수를 원격지에서 마치 현장에 있는 것처럼 체험하거나, 실물이 존재하지 않는 개발 중의 자동차를 가상공간에서는 실제 눈앞에 있는 것처럼 보고 디자인을 평가할 수 있기 때문이다.

마이크로소프트의 홀로렌즈는 이미 제조업 등의 분야에서 사용하기 시작했지만, 한층 더 높은 성능의 매직리프가 제품을 발매하며 관련 시장은 후끈 달아오를 것 같다. 나비의 꿈처럼 현실과 가상공간의 경계선이 사라지는 시대가 가까워지고 있다.

메그비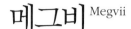

086

안면인식 기술
중국
기업 가치: 35억 달러(4조 2000억 원)

쌍둥이도 구분하는 안면인식 기술의 영웅

쌍둥이 형제라도 얼굴 차이를 정확하게 구분할 수 있다. AI를 활용해 고도의 안면인식 기술을 보유한 중국의 벤처기업 메그비曠視科技-Megvii를 표현하는 말이다.

메그비가 개발한 안면인식 기술 'Face++'은 중국의 IT 대기업들이 속속 도입하고 있다. 예를 들면 중국 알리바바그룹의 금융 자회사인 앤트파이낸셜Ant Financial이 개발한 스마트폰 결제 시스템 '알리페이'도 메그비의 기능을 탑재했다. 중국의 차량 공유 회사인 디디추싱滴滴出行도 운전자 본인 확인에 활용하는 등 메그비의 기술력이 높은 평가를 받고 있다.

메그비의 기술력 향상에 크게 이바지한 곳은 중국 정부다. 중국 정부는 전국에 설치한 1억 7000만대 이상의 감시 카메라 영상을 분석하여 개개인의 행동을 감시한다.

중국 경찰인 공안은 메그비의 안면인식 기술을 경찰차에 탑재했다. 카메라에 비친 개인의 얼굴을 AI가 분석해, 반경 60m 범위의 범죄 용의자를 자동으로 찾아낸다고 한다.

미국이나 서유럽, 일본 등의 선진국에서는 안면인식 기술을 사용해 개인을 감시하는 것에 대한 저항감이 크지만, 중국에서는 합법이다. 메그비는 정부의 허가를 받아 수많은 개인정보를 AI로 분석하며 기술의 완성도를 높여왔다.

안면인식 기술 시장은 앞으로도 더욱 확대될 전망으로 보안이나 전자 결제 등의 분야에서 안면인식 기술이 급속히 보급되고 있다. 출퇴근이나 출입국 기록, 스마트폰 접근 방지 등 관련 시장은 더욱 커지고 있다.

AI 로봇과 물류 시스템에 투자

2019년 1월 메그비는 AI 로봇과 물류 시스템 등을 개발하기 위해 약 3억 달러(3600억 원)를 투자한다고 발표했다. 이미 로봇 벤처기업의 인수도 추진 중이다.

메그비는 2011년 중국 칭화대학교 출신의 인치(CEO, 최고경영자)

와 탕원빈(CTO, 최고기술책임자) 등이 설립했다. 그들은 처음에 대학 내의 콘테스트에 출품하기 위해 안면인식 기술을 활용한 게임을 개발했다. 그 게임이 큰 인기를 얻으며 투자 유치에도 성공해, 안면 인식 AI 기술 개발에 본격적으로 돌입했다.

2014년 메그비의 AI가 전 세계의 안면인식 기술 평가 테스트에 서 최고의 인식 정밀도를 구현하며 순식간에 이름을 알리게 되었 다. 눈, 코, 입 등 커다란 특징뿐 아니라, 83개에 달하는 세세한 특 징을 분석하여 정확하게 얼굴을 인식해낸다.

중국 정부의 지원에 힘입어 메그비는 전 세계 안면인식 AI의 선 두주자로서 약진하고 있다.

087

오센스 테크놀로지
Osense Technology

컴퓨터 비전
대만

스마트폰 카메라의 영상으로 위치 확인

GPS 신호가 없어도 스마트폰 카메라로 실내에서 자신의 위치를 확인하고, 쇼핑센터, 터미널, 역, 공항 등의 시설에서 실시간으로 길 안내가 가능하다. 이러한 기술로 주목받는 곳이 대만의 벤처기업 오센스 테크놀로지光禾感知科技-Osense Technology다.

오센스의 실내위치 정보기술 'VBIP(Vision Based Indoor Position)' 의 특징은 AI와 클라우드 컴퓨팅을 활용해 공간을 인식하거나 확인할 수 있다는 점이다. WiFi나 블루투스와 같은 무선 신호도 필요 없다.

오센스의 강점은 '컴퓨터 비전(Computer Vision)'이라는 기술로 컴퓨터에 디지털 이미지나 동영상이 무엇인지 이해시키는 기능에 있다. 카메라로 촬영한 동영상을 화상 처리나 공간 위치 알고리즘, AI의 기계학습 알고리즘 등의 기술을 이용해 분석한다. 인간이 주위 환경을 눈으로 보고 인식하는 구조를 모방한 기술이다.

태국의 실내 내비게이션에 도입

태국에서는 이미 오센스의 기술을 실내 내비게이션으로 활용하고 있다. 태국의 교통 시스템 BTS(Bangkok Mass Transit System)와 협력하여 방콕의 36개 역에서 내비게이션과 AR(증강현실) 광고 기능을 제공한다.

오센스는 일본에서도 'VBIP 저팬(도쿄, 주오)'이라는 회사를 설립해 시장을 개척하고 있다. 실내 내비게이션 설치를 노리는 곳은 도쿄역, 신주쿠역, 시부야역과 같은 큰 역이나 나리타공항, 하네다공항 등의 대형 공항, 도쿄 빅사이트, 마쿠하리메세와 같은 전시회장, 도쿄 올림픽 경기장 등의 실내 안내 시스템이다. 향후 건축 공정 관리나 건축 현장, 실내 인테리어 현장 등을 가시화하여 공정 관리의 효율성 향상에 이바지하겠다는 목표도 세우고 있다.

팰런티어 테크놀로지스
Palantir Technologies

088

빅데이터 분석
미국
기업 가치: 410억 달러(49조 2000억 원)

CIA도 의지하는 빅데이터 분석의 거인

미국 중앙정보국(CIA), 연방수사국(FBI), 증권거래위원회(SEC)는 물론 공군, 해병대까지도 빅데이터 분석을 의뢰하는 수수께끼 같은 벤처기업.

그곳은 미국 실리콘밸리에 본사를 둔 팰런티어 테크놀로지스 Palantir Technologies 다. 팰런티어란 톨킨의 '반지의 제왕'에 등장하는 무엇이든 내다볼 수 있는 수정 구슬을 말한다. 2001년 9월 11일 미국에서 발생한 동시다발 테러의 주모자로 10여 년간 도피 생활을 이어갔던 오사마 빈 라덴을 찾는 데도 팰런티어가 크게 공헌했다고 알려져 있다.

팰런티어의 강점은 메일이나 문서, 사진, 음성, 동영상 등의 비구조화 데이터를 통합 분석하는 '고담(Gotham)'이라는 소프트웨어에 있다. 예전에는 각 분야의 탁월한 전문가가 엄청난 수고와 시간을 들여 처리했던 빅데이터 분석을 소프트웨어 하나로 비교적 간단하게 수행할 수 있다.

고담이 엑셀 등의 파일로 저장된 구조화된 자료와 달리 분석하기 까다로운 비구조화 데이터를 쉽게 처리하는 이유는 '다이내믹 온톨로지(Dynamic Ontology)'라고 불리는 정보의 정의를 유연하게 바꾸는 기술을 사용하기 때문이다. 예를 들어 부장, 사장이라는 단어는 일반 명사인 동시에 그 직책을 맡은 특정 인물을 지칭할 때도 있다. 지역 이름 역시 어느 기업의 본사나 특정 인물을 의미하는 때도 많다.

고담은 이러한 용어의 정의를 간단히 변경할 수 있어 이용자가 원하는 정보를 단시간에 수집하고 분석한다. 예전 같으면 몇 년이나 걸렸던 데이터 분석을 단 몇 주일 만에 끝낼 수 있다고 한다.

페이팔 창업자와 철학 연구자가 설립

팰런티어는 2003년 미국의 온라인 결제 시스템 회사인 페이팔의 창업주였던 피터 틸과 공동 창업자가 설립했다. 팰런티어를 설립하게 된 계기는 2001년에 발생한 동시다발 테러다. 페이팔의 인터넷 부정 송금을 탐지하는 데 사용하는 소프트웨어 기술을 활용해 테러 조직으로 자금이 흘러가는 것을 막아보자는 아이디어가 시작이었다.

피터 틸은 미국 스탠퍼드대학 시절의 친구였던 철학 연구자 알렉스 카프를 CEO로 초빙해 공동으로 팰런티어를 설립했다. 처음에는 자금 조달이 힘들었지만, CIA의 벤처캐피털과 틸 자신이 이끄는 벤처캐피털에서 자금을 모아 본격적으로 사업을 시작했다.

2009년 중국을 거점으로 활동하는 사이버 스파이 네트워크의 '고스트 인터넷' 조사에서 팰런티어의 소프트웨어 기술이 큰 활약을 펼치며 많은 주목을 받았다. 더구나 인터넷 보급이 확산되며 사이버 테러나 사이버 수사의 중요성을 인식한 미국 정부의 여러 기관은 물론 민간 기업의 고객도 확보하게 되었다.

금융에서 의약품, 항공기까지 광범위한 고객 확보

팰런티어는 금융 정보 분야의 대기업인 미국의 톰슨 로이터Thomson Reuters, 독일의 의약품 업체인 머크Merck와 제휴하고 있다. EU(유럽연합)의 항공기 제조회사 에어버스Airbus도 팰런티어의 고객이다. 이처럼 팰런티어의 강점인 부정 탐지 등에 관한 노하우는 세계적인 기업들로부터 높은 평가를 받고 있다.

2018년 가을 "팰런티어가 2019년에 신규 주식 공개를 예정하고 있다"라는 미국 언론의 보도가 있었다. 그때까지 200억 달러(24

조 원) 수준으로 알려진 기업 평가액이 공개 시점에 따라서는 최대 410억 달러(49조 2000억 원)에 달할 가능성이 있다고 전해졌다. 비밀주의로 알려진 데이터 분석의 거인이 마침내 베일을 벗으려 하고 있다.

089

QC웨어 ^{QC Ware}

양자컴퓨터용 소프트웨어
미국

양자컴퓨터용 소프트웨어의 신예

IT 세계를 완전히 뒤바꿀 것으로 기대하는 양자컴퓨터용 소프트웨어를 개발하는 곳이 있다. 미국 실리콘밸리에 본사를 둔 벤처기업 QC웨어^{QC Ware}다.

양자컴퓨터는 현재 주류인 1과 0을 기본으로 하는 디지털 방식의 컴퓨터와 근본적인 발상 자체가 다르다. 자세한 내용은 앞에서 설명한 양자컴퓨터 제조회사인 디웨이브(322쪽)를 통해 확인할 수 있는데, '양자 게이트 방식'이나 '양자 어닐링 방식'처럼 또 다른 형태의 하드웨어도 있다.

양자컴퓨터를 이용할 때도 당연히 소프트웨어가 필요하다. QC웨어는 바로 그것에 주목했다. 많은 소프트웨어 기술자가 사용하는 것은 'Python(파이선)', 'Java(자바)', 'C++' 등의 프로그래밍 언어다. QC웨어는 익숙한 프로그래밍 언어로 양자컴퓨터용 소프트웨어를 개발하는 툴을 만들고 있다.

QC웨어는 2014년 미국 공군의 컴퓨터 기술자였던 매트 존슨이 설립했다. 제대 후 펜실베니아대학 와튼스쿨에서 MBA를 마치고 창업을 고민하고 있을 때 추천받은 것이 양자컴퓨터 분야였다고 한다. 때마침 2013년 미국 항공우주국(NASA)과 구글이 '양자 인공지능 연구소'를 설립했다. 양자컴퓨팅에 도움이 될 AI 등의 소프트웨어 기술을 연구하려는 목적이었지만, 협력할만한 소프트웨어 회사가 거의 없었다.

NASA에서 IBM, 에어버스로 고객 확대

그래서 존슨은 양자 알고리즘이나 양자공학 등의 전문가를 모아 양자컴퓨터용 전문 소프트웨어 개발사 QC웨어를 설립했다. 처음에는 미국 항공우주국(NASA)이나 미국 대학우주연구협회(USRA)가 주요 고객이었으나, 미국 국립과학재단(NSF), 디웨이브, 미국의 IBM, 투자은행인 골드만삭스 등으로 제휴 회사가 확대되었다. 현재는 EU(유럽연합)의 대형 항공기 회사 에어버스도 투자하고 있다.

QC웨어는 양자컴퓨팅을 비즈니스의 세계로 확대하기 위해 미국 공군연구소, IBM, 마이크로소프트, 구글과 공동으로 콘퍼런스를 개최했다. 관련 업체와 네트워크를 구축해 양자컴퓨팅의 세계를 한층 더 넓히려고 노력하고 있다.

CHAPTER 15

⚊⚊ ⚊⚊ ⚊⚊ ⚊⚊
⚊⚊ ⚊⚊ ⚊⚊ ⚊⚊
⚊⚊ ⚊⚊ ⚊⚊ ⚊⚊

우주 개발

▮ ▮ ▮ ▮

⚊⚊ ⚊⚊ ⚊⚊ ⚊⚊
⚊⚊ ⚊⚊ ⚊⚊ ⚊⚊

090

블루오리진 Blue Origin

아마존 CEO가 꿈꾸는 새로운 시장, 우주

거대한 성공을 거머쥔 희대의 벤처기업 경영자는 도대체 왜 우주를 노리는 것일까. 미국 아마존닷컴의 최고경영자인 제프 베조스는 우주 로켓 개발에 몰두하고 있다. 블루오리진Blue Origin이라는 벤처기업을 설립하고 CEO로 취임했다. 우주여행, 위성 발사뿐 아니라 달 착륙까지도 계획하고 있다.

"스페이스 콜로니를 건설해 우주 식민지를 만들고 싶다." 2019년 5월 베조스는 기자 회견을 열고 이렇게 말하며 개발 중인 달 착륙선 '블루문(Blue Moon)'의 모형을 공개했다. 우주 비행사뿐 아니라 한 번에 최대 4대의 달 탐사 차량을 실을 수 있다. 또한, 6.5t에 달하는 대량 화물도 운반할 수 있는 성능을 갖췄다.

트럼프 대통령은 "2024년까지 미국의 우주 비행사를 다시 달에 보내겠다"라는 야심 찬 프로젝트를 발표했다. 그때 사용할 우주선 후보에 블루문도 출사표를 던졌다.

베조스는 한 단계씩 착실히 계단을 밟아가며 우주 개발을 고도화하고 있다.

우선 첫 단계는 대기권 밖의 우주 공간을 짧은 시간 비행하는 우주여행 서비스다. 이를 위해 블루오리진에서 개발한 로켓이 '뉴 셰퍼드(New Shepard)'다. 6인용 우주 캡슐을 탑재하고 우주 공간으로 날아올라 약 11분간의 비행을 즐기는 짜릿한 우주여행이다.

제프 베조스 CEO와 우주 로켓 '뉴 셰퍼드'
(사진=Blue Origin)

우주 캡슐뿐 아니라 로켓 본체도 지상으로 귀환시켜 재이용할 예정이다. 이를 통해 로켓 발사 비용을 절감하고, 더욱 저렴한 우주 여행을 실현할 수 있다. 재이용 로켓의 발사 실험을 연속 성공하며 안전성을 높이고 있어 머잖아 유인 비행도 가능할 전망이다.

인공위성 서비스에 나서다

다음 단계로 추진하는 것이 대형 우주 로켓 '뉴 글렌(New Glenn)'을 사용한 인공위성 서비스다. 지름 7m, 길이 82m의 2단 로켓으로 추진 능력이 45t에 달해 인공위성 발사에 적합하다. 2020년까지 첫 인공위성 발사를 목표로 하고 있는데, 이미 여러 기업에서 통신 위성 등의 발사 사업을 수주한 상태다.

뉴 글렌도 값비싼 1단 로켓을 최대 100회까지 재이용할 수 있도록 설계했다. 이것을 전제로 하면 인공위성의 발사 비용을 크게 낮출 수 있어 가격 경쟁력이 높다. 뉴 셰퍼드의 실험을 연속 성공한 것도 수주 활동에 큰 힘이 되고 있다.

블루오리진은 세계 최대의 3단 방식 뉴 글렌도 개발하고 있어 달이나 화성 등에 탐사기를 보낼 정도의 능력을 갖추었다. 달 탐사선도 개발 중으로 제프 베조스는 소매업뿐 아니라 새로운 우주 시대도 개척하고 있다.

인포스텔라 Infostellar

위성 안테나 공유
일본
기업 가치: 28억 엔(280억 원)

인공위성용 지상 안테나 공유

미국의 스페이스X나 블루오리진 등이 개발한 재이용 가능 우주 로켓 기술이 관심을 받으며 인공위성 발사 비용이 크게 떨어질 것이라는 기대와 함께 또 다른 과제도 부상하고 있다. 우주와 지상 간의 통신 수용력이 작다는 점이다.

발사 비용이 낮아지면 고도 400~1,000km의 저궤도를 도는 소형 인공위성이 늘어날 전망이다. 그런데 이러한 인공위성과 통신하는 지상 안테나 대부분은 이용하지 않는 시간대가 많다. 자신들의 위성이 지상 안테나 상공을 날아가는 동안에만 사용하기 때문이다.

이것에 주목한 기업이 인포스텔라^{Infostellar}(도쿄, 시부야)다. 인포스텔라는 다양한 기업이나 대학 등이 보유한 수많은 지상 안테나를 공유하여, 우주와 지상 간에 효율적으로 통신하기 위한 플랫폼 구축을 목표로 한다.

우주와 지상 간의 통신비용을 낮추다

우주와 지상 간의 통신비용을 낮추면 벤처기업의 사업 기회가 많이 늘어나고 우주 산업도 한층 성장 속도를 높일 수 있다.

인포스텔라를 설립한 사람은 CEO인 구라하라 나오미다. 규슈공업대학 대학원에서 인공위성의 환경 계측 장치를 연구하고 2010년에 박사 학위를 취득했다. 세계 각지의 대학들이 보유한 지상 안테나를 공유하는 네트워크 만들기 국제 프로젝트에 공동 연구자로 참여했던 경험이 창업의 계기가 되었다.

그는 도쿄대학의 특임연구원으로 근무하며 소형 위성의 지상 시스템 개발을 담당했고, 2013년에는 위성 지상 시스템을 다루는 미국의 인테그랄 시스템^{Integral System} 일본 법인에 취업했던 경험이 있다.

에어버스와 소니의 벤처펀드에서 투자 유치

구라하라 CEO는 회사에 취직하고 나서도 전 세계의 지상 안테나를 공유하는 아이디어를 계속 다듬고 있었다. 그러던 2015년 IT 기업 등에서 일한 경력이 있는 이시가메 이치로 COO를 만나 2016년에 인포스텔라를 설립했다.

2017년에는 유럽의 항공 우주 대형 기업인 에어버스, 소니의 벤처펀드 등에서 총 8억 엔(80억 원)에 달하는 투자 유치에 성공하며 사업을 본격적으로 전개했다.

세계적인 기업으로 인정받은 것은 물론 순풍이 되었지만 인포스텔라가 사업에 성공하기 위한 장벽은 여전히 높다. 전 세계의 기업이나 조직에 협력을 구하고 지상 안테나를 공유하는 데 도움을 줄 네트워크를 구축하는 일은 많은 시간이 걸리기 때문이다.

그러나 점차 새로운 우주 사업 시대의 막이 열리며 인포스텔라의 아이디어는 앞으로도 발전 가능성이 무한하다.

092

오비탈 인사이트 <small>Orbital Insight</small>

위성 사진 분석
미국

우주에서 원유 저장량과 점포 매출액 분석

AI로 인공위성이 촬영한 지상의 사진을 분석해 다양한 경제 활동을 상세하게 파악한다. 이러한 기술로 주목받는 곳이 미국 실리콘밸리의 벤처기업 오비탈 인사이트<small>Orbital Insight</small>다.

그들의 정보 분석 능력은 경이로운 수준이다. 예를 들면 세계 최대의 산유국인 사우디아라비아의 원유 저장량 실태를 정확히 밝혀냈다. 2017년 11월, 영국 파이낸셜타임스(FT)는 사우디아라비아 정부가 발표한 것보다 실제로는 훨씬 원유 저장량이 많다는 사실을 폭로했다.

바로 그 기사의 근거를 제공한 곳이 오비탈 인사이트로, 인공위성이 촬영한 전 세계 2만 4,000개에 달하는 원유 탱크의 '부상형 덮개' 사진을 AI로 분석했다. 원유 탱크의 덮개는 고정식이 아니라 원유 위에 떠 있는 형태다. 따라서 위에서 관찰하면 석유 탱크 벽면의 그림자로 부상형 덮개의 크기를 알 수 있어 원유 탱크의 잔량 계산이 가능하다.

오비탈 인사이트는 원유 탱크의 그림자 크기 등으로 잔량을 산출하는 이미지 분석 엔진을 기계학습 기반으로 개발했다. 원유 탱크의 잔량을 월별 또는 주별처럼 고빈도로 산출해 낸다. 이 분석 기술을 통해 사우디아라비아의 원유 저장량이 정부 발표와 전혀 다르다는 사실을 밝혀낸 것이다.

슈퍼마켓의 방문 고객 수나 농산물의 생산 상황도 분석

오비탈 인사이트가 위성 사진을 분석해 얻을 수 있는 정보는 매우 다양하다.

예를 들면 쇼핑센터나 슈퍼마켓의 방문 고객 수, 주차장에 서 있는 자동차 대수 등을 분석하여 방문객 수를 예측한다. 미국 전역의 26만 개에 달하는 소매점과 5,600개 쇼핑센터의 주차장을 정점 관측하고 있다. 이외에도 주택의 착공 건수나 농작물의 생산 상황 등 다양한 데이터를 분석한다.

이러한 정보는 투자자들에게 유익한 자료가 된다. 소매업이나 정부 기관이 데이터를 집계해서 공식적으로 발표하기 전에 경제 동향을 파악할 수 있다면, 미리 투자 판단을 할 수 있기 때문이다. 실제로 헤지펀드 등이 오비탈 인사이트의 고객이라고 한다.

2018년 일본에도 진출한 오비탈 인사이트. 하늘에서 지상의 경제 활동을 분석하는 '신의 눈'은 이제 투자의 상식도 바꾸고 있다.

093

스페이스BD Space BD

우주 상사
일본

우주 사업을 지원하는 '우주 상사'를 꿈꾸다

2018년 일본우주항공연구개발기구(JAXA)가 민간 개방을 결정한 국제우주정거장(ISS, International Space Station)에서 초소형 위성을 방출하는 사업에 미쓰이물산^{MITSUI}과 스타트업 기업인 스페이스 BD^{Space BD}가 위탁 사업자로 선정되었다.

일본우주항공연구개발기구가 민간 기업에 위탁하는 것은 지상에서 약 400km를 도는 국제우주정거장 일본 실험동 '기보(きぼう, 일본어로 희망이라는 뜻)'에서 초소형 위성을 방출하는 사업이다. 각종 인프라와 농작물 감시, 통신 등 초소형 위성의 용도가 확대되며 향

후 급속한 수요 증가가 기대되는 분야다.

국제우주정거장의 초소형 위성 방출은 미국의 스타트업 기업이 미국 항공우주국(NASA)을 통해서 맡고 있는데 2018년 기준, 180기의 실적이 있다. 일본은 그동안 JAXA에서 28기를 방출했지만, 민간 기업에 위탁하며 7억 6천만 원이 들어가던 방출 비용을 줄일 수 있어 새로운 수요 창출을 기대하고 있다.

스페이스BD는 2017년 9월에 설립하여 풀타임 직원이 4명뿐인 작은 사업체다. 나가사키 마사토시 사장은 미쓰이물산 출신이지만, 그곳에서 담당했던 일은 철강 제품 관련 무역과 자원 개발로 우주와는 거리가 먼 업무였다. "내가 직접 의사 결정을 하는 일을 해보고 싶다"라며 2014년 9월 교육 관련 회사를 설립해 초·중학생에게 창업 체험 프로그램 등을 진행해 왔다.

그는 우주 사업에 뛰어들게 된 계기로 "학생들과 도전 정신을 주제로 이야기를 나누다가 나 역시 새로운 일에 도전해야겠다"라는 생각이 들었다고 말한다. 그 도전의 무대로 선택한 것이 우주다. 그는 "우주만큼 사업하기에 미개척 영역은 다시없을 것이다. 체계만 잡히면 사업의 기회가 무한하다"라고 판단했다.

스페이스BD는 '우주 상사'를 목표로 한다. 위성 발사와 관련한 기술 조정이나 안전 심사와 같은 업무를 대행한다. 사업자가 필요한 우주 기기의 조달 업무도 맡아 사업자의 부담을 줄여주는 지원자의 역할이다.

귀찮은 잡무 대행

스페이스BD는 미국과 일본의 우주 관련 기업과 대학 등에 "귀찮은 잡무를 대행한다"라고 홍보해 왔다. 2018년 4월에는 도쿄대학에서 초소형 위성 발사 업무를 수탁했고, 이어 일본우주항공연구개발기구에서 위성 방출사업 위탁기관으로 선정된 것이다.

스페이스BD는 위성 제작에서 방출까지 1500만 엔(1억 5000만 원) 정도의 비용으로 실현하도록 제휴 기업도 발굴했다. 나가사키 사장은, "고향과도 같은 미쓰이물산과 서로 경쟁하겠지만, 우리는 벤처 기업이다. 실패를 두려워하지 않고 도전하고 싶다"라며 의지를 다졌다.

일본우주항공연구개발기구는 초소형 위성 방출사업에 이어 '기보'의 실험설비 운영사업도 민간에 위탁할 예정이다. 이처럼 다양한 방면에서 우주로 나아가는 문이 활짝 열리고 있다. 나가사키 사장처럼 승부에 도전하는 창업가가 늘어나면 우주 산업의 저변도 훨씬 넓어질 것이다.

스페이스X ^{SpaceX}

우주 개발
미국
기업 가치: 305억 달러(36조 6000억 원)

094

테슬라 CEO가 우주에서 노리는 혁명

미국의 EV(전기자동차) 제조사 테슬라의 최고경영자인 일론 머스크의 또 다른 얼굴이 우주 개발 벤처기업 스페이스X^{SpaceX}의 CEO다.

스페이스X도 우주 개발의 혁명아로서 존재감을 급속히 드러내고 있다. 주력 로켓 '팰콘 9(Falcon 9)'으로 세계 각국의 민간 기업과 정부로부터 차례차례 인공위성 발사 사업을 수주하고 있다. 2018년 12월 발사 현장에서는 동시에 17개국 총 64기의 인공위성을 궤도에 올려놓으며 고도의 기술력을 과시했다.

그동안 우주 개발은 미국, 러시아, 유럽연합, 중국 등 국가나 지역이 주도해 왔지만, 스페이스X가 등장하며 세력이 완전히 바뀌고 있다. 민간이 주역인 시대가 찾아온 것이다.

스페이스X가 보유한 로켓의 특징도 블루오리진과 마찬가지로 비용이 많이 들어가는 1단계 로봇의 재이용이 가능하다. 일회용이던 로켓 1단을 재이용하면 발사 비용이 급격하게 떨어진다. 머스크는 "발사 비용을 100분의 1로 낮추겠다"라는 목표를 세우고 개발에 임해 왔다.

실제로 스페이스X의 1단계 로켓 회수 기술이 진화하며 점점 재이용이 확실해지고 있다. 여러 번 실험을 반복하며 해상의 회수 공간에 정확하게 착지할 수 있게 되었다.

스페이스X의 위성 발사 서비스가 인기를 얻는 이유는 로켓 재

스페이스X의 재이용 가능 로켓 'Falcon 9'

이용으로 가격 경쟁력이 좋아졌고 발사 정밀도도 점점 향상되었기 때문이다. 민간뿐 아니라 미국 항공우주국(NASA)이나 미군도 스페이스X의 우주 로켓에 의존하고 있다.

그뿐 아니라 길이 70m의 '팰콘 헤비(Falcon Heavy)'로 불리는 로켓도 실용화했다. 한 개의 센터 코어와 두 개의 사이드 부스터로 27기의 엔진을 탑재하는 이 로켓도 물론 재이용할 수 있다.

2019년 4월에 발사한 팰콘 헤비에서 분리된 두 개의 사이드 부스터가 플로리다주 케이프커내버럴 공군 기지로 귀환했다. 로켓의 센터 코어도 대서양 위의 드론십(무인바지선)에 내렸다.

로켓 재이용을 가능하게 만든 열쇠는 AI를 포함한 고도의 소프트웨어 기술에 있다. 그것은 하드웨어를 정밀하게 제어한다. 이처럼 소프트웨어와 하드웨어를 조합한 최첨단 자동제어 기술이 스페이스X의 가장 큰 강점이다.

유인 우주선 '드래곤'도 개발

스페이스X는 유인 우주선 '드래곤(Dragon)'도 개발했다. 화물과 인간을 안전하게 목적지까지 보내거나 지구로 귀환시키는 일을 현실화하고 있다. 드래곤은 최대 7명의 승객을 이송할 수 있으며, 2019년 3월에는 국제우주정거장(ISS)과 자동 도킹에도 성공했다.

일론 머스크 CEO의 꿈인 '인류가 화성으로 이주하는 계획'에 따라 차세대 대형 로켓 '빅 팰콘 로켓(BFR)'의 개발도 서두르고 있다.

길이 118m, 지름 9m로 31기의 엔진을 탑재할 예정으로 150t의 화물을 실을 수 있다고 한다.

100명을 태운 거대 우주선으로 화성에 가다

BFR을 유인 우주선으로 사용하면 100명이 탑승할 수 있다고 한다. 그야말로 SF의 세계를 현실에 구현한 우주선이다. 스페이스X는 2019년에 BFR의 시험 발사[*], 2022년에는 무인 화성 착륙을 목표로 하고 있으며, 더 나아가 2024년에는 인간을 화성에 보내겠다는 목표를 세우고 있다.

우주 개발의 상식을 파괴하는 일론 머스크는 유인 우주선으로 달의 일주 비행도 계획 중이다. 그는 인류의 우주 이용 방식을 바꾸며 새로운 역사를 쓰고 있다.

스페이스X가 개발 중인 100명이 탑승할 거대 우주 로켓 'BFR'이 1단계 부스터를 분리하는 이미지

---

[*] 스페이스X는 BFR의 이름을 스타십(Starship)으로 바꾸고 2019년 7월, 스타십의 시제품(프로토타입) 스타홉퍼 (Starhopper)의 발사 테스트에 성공했다. - 편집자주

CHAPTER 16

데이터 분석 · 에너지 · 소재

아베자 ^{ABEJA}

아베자 ABEJA

데이터 분석
일본
기업 가치: 235억 엔(2350억 원)

데이터 분석으로 현장감 향상

AI를 활용해 데이터를 분석하는 벤처기업 아베자^{ABEJA}(도쿄, 미나토).
특징은 소매점을 위한 데이터 분석에 강하다는 점이다. 점포에 설
치한 카메라 동영상으로 방문고객 수나 나이, 성별, 점내의 이동 상
황 등을 완벽하게 분석한다.

지금까지 소매점들은 점장 등 운영책임자의 느낌이나 경험에 의
지해 판매 정책을 수립해 왔다. 하지만 데이터 분석을 기반으로 한
과학적인 방법을 활용하면 점포의 과제나 개선해야 할 문제점이
명확히 드러나고, 새로운 정책의 효과성 등도 검증하기 쉽다고 한

다. 월정액의 저렴한 요금으로 이용할 수 있어 대형 슈퍼마켓이나 안경 전문점 등 여러 소매점에서 아베자의 시스템을 적극적으로 도입하고 있다.

제조 현장에서도 이용을 확대하고 있다. 숙련된 전문가들의 작업 공정을 분석하여 정량화하고, 신입 직원의 작업 효율을 높이기 위한 매뉴얼 작성에도 도움이 된다. 자동차 부품 제조사 등에서는 실제로 이 시스템을 적용하고 있다.

아베자를 활용하면 품질 검사도 자동화할 수 있다. 숙련된 기술자의 뛰어난 노하우를 AI가 습득해 품질에 이상이 있는지 없는지 판정하거나 불량품도 자동으로 선별해낸다. 자동으로 품질을 검사하면 직원의 숙련도에 따라 발생하던 검사 정밀도의 차이가 사라진다. 휴대형 단말 부품을 제조하는 업체 등에서 아베자의 기술을 도입하는 곳이 늘어나고 있다.

상품을 구분하는 작업장에서는 상품 이미지나 라벨 정보를 AI가 인식해 각각의 상품이 무엇인지 판별해 낸다. 이를 통해 사람 손에 의존하던 선별 작업을 자동화할 수 있다.

딥러닝에 강점이 있다

아베자의 데이터 분석은 범용성이 높아 이미 150개가 넘는 기업에서 도입하고 있다. 아베자는 AI 딥러닝의 강점을 살려 실제 현장에 적용한다. AI가 카메라로 촬영한 대량의 데이터 등을 학습하고 인간의 뛰어난 노하우를 분석하여 자동화로 연결한다.

소매점에서 제조업까지 고객 기반을 넓혀 온 아베자. 이제는 운송업계의 위험 운전 경감 서비스, 고장 문의를 접수하는 지원 센터 효율화, 수요에 맞추어 가격을 실시간으로 변동시키는 '다이내믹 프라이싱(Dynamic Pricing)' 등으로 사업 영역을 확대하고 있다.

096

엘리파워 ELIIY Power

축전 시스템
일본
기업 가치: 404억 엔(4040억 원)

전력을 저장하여 에너지를 효율적으로 이용

이산화탄소를 배출하는 석탄이나 가스를 연료로 하는 화력 발전에 대한 비판이 거세지며 재생 에너지가 주목받고 있다. 특히 태양광과 풍력 발전이 급속히 보급되고 있다.

그러나 재생 에너지에는 풀어야 할 과제가 남아 있다. 바로 발전량이 일정하지 않다는 점이다. 예를 들어 풍력 발전은 바람의 세기에 따라 발전량이 변하고, 태양광 발전도 날씨와 시간에 따라 발전량이 달라진다.

따라서 재생 에너지 분야의 최고 관심은 전력을 모아두었다가 활용하는 '축전' 기술이다. 발전소에 대형 축전지를 설치해 전기를 저장해 두었다가 전력 수요가 높아질 때 공급하는 방식이다. 가정에서도 태양광 발전 시스템 등으로 발전한 전력을 모아두는 축전 수요가 점차 증가하고 있다.

미국의 전기차 벤처기업 테슬라도 유사한 개념의 축전 시스템을 개발했다. 일반 가정에서 공장에 이르기까지 대용량 리튬이온전지를 탑재한 축전 시스템을 판매하고 있다.

이러한 축전 시스템에 주력하는 엘리파워ELIIY Power(도쿄, 시나가와)라는 벤처기업이 일본에 있다. 그들은 가정용과 기업용 등 다양한 축전 시스템을 개발하고 있다. 엘리파워의 가장 큰 특징은 축전 시스템에 탑재하는 대형 리튬이온전지 셀을 모두 자사의 국내 공장에서 생산하는 점이다.

안전성과 긴 수명이 특징

엘리파워는 안전을 최우선으로 중시하여 전지 셀의 양극재에 '인산철 리튬'이라는 안전성이 매우 뛰어난 소재를 채용했다. 못질, 눌려 찌부러짐, 과충전 등의 문제가 발생해도 열이 폭주하지 않아 발화하지 않는다. 리튬이온전지는 발화 위험성이 높다는 이미지가 강해 특히 안전에 힘쓰고 있다.

긴 수명도 강점이다. 10년간 약 1만 2,000번의 충전과 방전을 반복해도 전지 용량의 보유율이 약 80%에 달해 오래 사용할 수 있다.

다이와하우스그룹, 도레이, 국제석유개발 데이세키, SBI그룹, 다이니혼인사쓰, 스즈키가 도입하는 등 협력 관계도 확대되고 있다.

엘리파워는 2006년, 스미토모은행 부행장을 거쳐 스미긴리스 사장을 역임한 요시다 히로이치가 69세에서 설립했다. 늦게 피어난 창업가지만 그가 도전하는 시장은 젊고 성장 가능성은 매우 크다.

파네이르 ^{Panair}

097

전력 소매용 플랫폼
일본
기업 가치: 801억 엔(8010억 원)

AI와 빅데이터로 전력 유통비용 삭감

일본에서 전력자유화(민간에 전기 발전과 송배전 업무를 개방하여 전기 도매와 소매를 허용하는 제도)가 진행되는 가운데 '태풍의 눈'이 되는 벤처기업이 있다. 전력 소매용 AI와 빅데이터를 활용해 전력 유통비용을 크게 줄일 수 있는 기간 시스템을 제공하는 파네이르^{Panair}(도쿄, 지요다)다.

파네이르가 제공하는 '파네이르 클라우드'라는 플랫폼은 지금까지 사람에게 의존했던 영업, 고객 관리, 수급 관리, 전력 조달 등의 업무 대부분을 AI를 포함한 IT를 활용해 자동으로 처리한다. 이를 통해 매출액에서 차지하는 판매 관리 비용을 업계 평균의 절반~3분의 1 수준으로 낮출 수 있다고 한다.

RPA(로봇프로세스자동화)라고 불리는 소프트웨어 기술을 활용해 사람이 했던 정형적인 사무 업무를 자동화하여 효율성을 높이는 솔루션도 제공한다.

처음에는 전력자유화로 증가하는 소매용 플랫폼 제공을 목표로 했지만, 실적을 우려하여 주저하는 기업도 많았다. 그래서 파네이르는 전시장을 만들어 실적을 보여주는 전력 소매 사업에 나선 것이다. 지금은 삿포로, 미야기, 히가시니혼, 도카이, 니시니혼, 히로시마, 후쿠오카 전력 등 일본의 7개 전력 소매 자회사를 운영하며 서비스를 제공하고 있다.

도쿄 전력 그룹과 제휴

2018년 4월에는 도쿄전력홀딩스 산하의 소매 사업자 도쿄전력 에너지파트너(EP)와 제휴하여 전력과 가스를 전국에 판매하는 새로운 회사를 설립하고 5월부터 서비스를 제공하기 시작했다.

공동 출자한 회사의 이름은 핀트^{PinT}(도쿄, 지요다)로 도쿄전력 EP가 60%, 파네이르가 40%를 투자했다. 2020년까지 150만 명의 고객을 확보하겠다는 의욕적인 목표도 세웠다.

업계의 리더가 파네이르의 기술을 인정했다는 것은 향후 사업 전개에 순풍이 될 것이다. 핀트는 가스 소매와 더불어 2018년 10월에는 통신 사업에도 참여했다. 자동화로 판관비를 줄일 수 있는 파네이르의 플랫폼은 전력 이외의 사업에도 도움이 될 전망이다.

파네이르를 설립한 사람은 CEO인 나고시 다쓰히코다. 도쿄공업대학을 졸업한 후 인터넷 기업 디엔에이DeNA 등을 거쳐, 2012년에 파네이르를 설립했다. 처음에는 태양광 발전 사업자와 고객을 연결하는 매칭 서비스를 시작했으나 실패하며 많은 어려움을 겪었다. 하지만 전력자유화로 전력 소매 업무를 효율화하는 시스템을 개발하고, 투자 유치에도 성공해 사업의 활로를 되찾았다.

파네이르의 매출이 급격히 늘어나며 기업 가치도 1000억 엔(1조 원)에 가까워졌다. 점차 일본발 차세대 유니콘으로 성장 가능성이 점쳐지고 있다.

098

스마트뉴스 ^{SmartNews}

뉴스 애플리케이션
일본
기업 가치: 561억 엔(5610억 원)

개인 맞춤형 뉴스를 AI가 골라준다

개인별 관심사를 빅데이터로 분석하고 그에 맞는 기사를 전송하는 기업이 있다. '뉴스 큐레이션'을 운영하는 스마트뉴스^{SmartNews}(도쿄, 시부야)다.

애플리케이션 다운로드 수가 4000만에 달하고 활동 이용자 수가 가장 많은 것으로 유명하다. 전송 매체 수도 2,700개가 넘는다.

왜 스마트뉴스는 이렇게 인기가 많은 것일까. 매일 수많은 뉴스가 쏟아지는 현대 시대에 신문사 등의 미디어 사이트를 일일이 체크하는 것은 매우 귀찮은 일이다. 그렇다고 종합 뉴스 사이트를 열면 흥미 없는 뉴스도 많고 궁금한 정보를 찾는 일도 번거롭다.

스마트뉴스는 이용자가 관심 있는 정보에 쉽게 접근할 수 있도록 도와준다. 스마트뉴스가 개개인의 속성이나 흥미에 맞추어 추천 기사를 제공하기 때문이다. 그들은 개인 맞춤형 콘텐츠 제공을 목표로 한다. 예를 들면 아침, 점심, 저녁 정해진 시간에 2~3개의 추천 기사를 알림으로 전송한다.

개인의 취향에 맞는 뉴스 먼저 추천

스마트뉴스는 이용자가 관심을 가질만한 뉴스가 무엇인지 찾아내기 위해 AI를 활용한다. 수많은 뉴스의 홍수 속에서 '지금 읽어야 할 뉴스는 무엇인가'를 AI가 선별한다. 이용자는 자신의 취향에 맞는 뉴스가 먼저 표시되면 서비스 이용 만족도가 높아지고 애플리케이션도 더 자주 열어본다. 메뉴 변경 기능도 있어 이용자는 관심 있는 카테고리를 선택해 상위에 표시하거나 흥미 없는 분야는 삭제하는 일도 가능하다.

기사를 제공하는 신문이나 잡지, TV 등의 미디어 측에도 혜택이 있다. 브랜드 인지도를 높일 수 있을 뿐 아니라 스마트뉴스가 얻은 광고 수입의 일부를 미디어 측에 분배해 주기 때문이다.

할인 쿠폰 및 영어 학습 서비스도 제공

스마트뉴스는 뉴스 이외에 할인 쿠폰 서비스도 제공한다. 일본의 2만 5,000개가 넘는 가게에서 사용할 수 있는 쿠폰을 배포한다. 패밀리 레스토랑 '가스토', 숯불구이 체인점 '규카쿠', 소고기덮밥으로 유명한 '요시노야', '맥도널드' 등 다양한 외식 체인점에서 할인받을 수 있는 쿠폰이다.

영어 학습 채널도 개설했다. 〈영어로 '감동했다~!'는 뭐라고 할까?〉와 같은 영어 회화 향상을 위한 기사를 제공한다. 영작문을 단련하는 칼럼 등 매일매일 갱신하는 다양한 영어 학습 기사는 물론 영어 뉴스도 읽을 수 있다.

스마트뉴스는 뉴욕과 샌프란시스코에 사무실을 개설하며 미국에도 진출했다. 이제 그들은 스마트폰 전용 뉴스 애플리케이션으로 글로벌 전개를 위해 도약하는 중이다.

099

신소재
일본
기업 가치: 563억 엔(5630억 원)

환경 피해가 적은 신소재로 플라스틱 대체

명함, 클리어 파일, 밥그릇, 식판……. 사진(374쪽)의 광택을 띤 매끈한 감촉의 제품들은 모두 벤처기업 TBM(도쿄, 주오)이 개발한 신소재 '라이멕스(LIMEX)'로 만든 것이다.

라이멕스는 석회석을 뜻하는 '라임스톤'을 따서 만든 조어다. 원료는 탄산칼슘이 주성분인 석회석과 수지다. 석회석과 혼합하는 수지의 종류나 양을 조절하여 종이처럼 얇게 늘리거나 입체적으로 성형할 수 있다. 쉽게 찢어지지 않고 방수 기능도 있으며, 가볍고 내구성이 뛰어나 다양한 용도로 사용할 수 있다.

석회석(사진 뒷부분)이 원료인 신소재 라이멕스. 종이처럼 부드러운 재질은 쉽게 찢어지지 않고 방수 기능도 있다.
(사진=다케이 슌세이)

라이멕스의 가장 큰 특징은 환경 피해가 적다는 점이다. 일반적으로 1t의 종이를 만들려면 20개의 나무와 100t의 물이 필요하지만, 라이멕스 소재의 얇은 종이 제조에는 목재나 물이 필요 없다. 플라스틱 제조와 비교해도 석유 사용량을 크게 줄일 수 있다고 한다.

원료인 석회석은 전 세계에 대량으로 매장되어 있고 일본 각지의 매장량도 풍부하다. 또한, 종이 형태의 라이멕스는 재이용도 가능해 사용한 것을 회수하여 팰릿으로 성형하면 플라스틱 대체품으로 재가공할 수 있다. "삼림과 수자원 보호는 세계적으로 중요한 테마다. 일본발 신소재 라이멕스를 전 세계에 알리고 싶다"라며 TBM의 야마자키 노부요시 사장은 의지를 불태웠다.

최고의 전문가가 상품 개발 지원

2010년 야마자키 사장은 석회석을 사용한 신소재 개발에 뛰어들었다. 전문 지식이 없던 그를 지원한 사람은 일본제지日本製紙의 전 전무이사였던 가도 유이치로로, 2011년부터 TBM의 상품 개발에 참여한 이후 회장으로 취임했다.

가도 회장을 중심으로 개발팀을 구성하여 연구 개발을 본격화했다. 2012년 6월 히타치 조선과 성형 기술에 관한 공동 개발을 시작했고, 2013년 2월에는 일본 경제산업성의 '이노베이션 거점입지 추진사업'에 선정되었다. 2015년 2월에는 미야기현 시로이시시에 시험 생산을 위한 공장을 준공하고 생산을 시작했으며, 2020년에는 생산 능력을 5배 늘린 제2 공장을 다가조시에 건설할 예정이다.

라이멕스 소재의 명함은 2016년 6월에 출시한 후, 벤처기업에서 대기업에 이르기까지 2,000곳이 넘는 회사에서 도입했다. 2017년 6월에는 회전 초밥 체인점이 메뉴판 소재에 라이멕스를 사용했고, 향후 건축 자재 등에 활용도 고려하고 있다.

최근 '마이크로 플라스틱'이라고 불리는 미세플라스틱 쓰레기로 인한 해양 오염이 심각하다. 유럽과 미국에서는 일회용 플라스틱 제품을 규제하려는 움직임도 있다. "현대 시대는 라이멕스를 필요로 한다. 최선의 노력과 역량으로 사회를 바꾸고 싶다."(야마자키 사장) 하지만 거대한 투자를 회수하기까지 장애물도 많이 남아 있다. 그의 거대한 도전은 지금부터가 시작이다.

트레저 데이터 Treasure Data

100

빅데이터 분석
미국
기업 가치: 6억 달러(7200억 원)

'산더미 같은 보물' 빅데이터로 고객 분석

'고객의 특성을 제대로 파악할 수 없다.' 이런 고민을 안고 있는 기업이 많다. 원인 중 하나는 많은 기업에서 고객 정보를 사내외 여러 부서가 따로따로 관리하기 때문이다. 자동차 회사를 예로 들면, 자동차 정보 등을 제공하는 자사 사이트의 데이터, 광고를 전달하는 홍보와 마케팅 데이터, 자동차 딜러의 판매 데이터, 이벤트 참가자 데이터 등이 있다.

고객 한 사람의 데이터를 서로 다른 부서에서 각각 다루다 보니 동일 인물의 특징을 정확히 파악할 수 없다. 기업의 대응 방법에 따라서는 고객은 기업이 자신을 제대로 이해하지 못한다고 느낄지도 모른다. 고객은 하나의 자동차회사 정보를 모아서 딜러에게 차를 구입하고 이벤트에 참가한 것이지만, 기업은 자신의 상황을 제대로 파악하지 못하기 때문이다.

이처럼 분산된 대량의 고객 데이터를 단기간에 하나로 통합하여 분석할 수 있는 빅데이터 분석 플랫폼을 제공하는 기업이 미국의 실리콘밸리에 본사를 둔 트레저 데이터^{Treasure Data}다.

고객의 모습을 정확히 파악하면 어떤 장점이 있을까. 고객 만족도를 높이는 것은 물론 광고나 이벤트 권유 등의 마케팅 활용 정밀도를 높여 판매로 이어가기 쉽다.

자동차 업계에서는 스바루, 음료 업계의 기린과 산토리, 화장품 업계의 시세이도, 의류 업계에서는 유나이티드애로우, 금융에서는 크레딧세존 등 350곳 이상이 트레저 데이터의 고객이다. 고객 데이터를 하나로 통합 관리하여 마케팅에 활용하려는 회사들이 많다.

트레저 데이터는 2011년, 미국 레드햇^{Redhat}과 미쓰이물산의 벤처 투자팀에서 일한 경험이 있는 요시카와 히로노부와 공동 창업자가 미국 실리콘밸리에서 설립한 회사다. 클라우드 기반의 빅데이터 분석으로 주목받으며 2013년에는 미국에서 일본으로 역진출했다. 단기간에 대기업을 중심으로 차례차례 고객을 확보하며 사업을 확대해 왔다.

소프트뱅크 산하의 ARM이 인수

2018년 8월 소프트뱅크그룹 산하의 반도체 회사인 영국의 암^{ARM}이 트레저 데이터를 6억 달러(7200억 원)에 인수했다. 암은 IoT(사물인터넷) 전략을 강화하고 있는데, 디바이스에서 데이터까지 통합 관리할 수 있는 IoT 플랫폼 실현을 지향한다. 그래서 빅데이터 분석에 탁월한 트레저 데이터를 인수한 것인데, IoT 분야에서는 다양한 데이터를 통합하고 분석하는 기술이 요구되기 때문이다.

"2035년까지 1조 대의 디바이스가 네트워크에 접속할 것으로 보여 모든 산업은 재정의될 것이다." 소프트뱅크와 암은 그러한 IoT의 미래 세계를 그리고 있다. 이처럼 거대한 데이터 활용이 요구되는 시대를 맞이하여 트레저 데이터의 기업 가치는 점점 높아지고 있다.

스타트업이 도약하기 위한 조건

일본의 잃어버린 30년······. 그렇게 평가받은 '헤이세이 시대 (1989~2019)'가 막을 내렸다.

헤이세이 시대는 거품 경제와 그 붕괴로 막을 열었고 리먼 쇼크, 대규모 지진 등과 같은 전대미문의 재해가 잇따랐다. 하지만 일본은 더 힘든 미래가 기다리고 있다. 2025년 즈음에는 국민의 약 30%가 65세 이상이 될 전망이다. 이대로라면 생산 연령 인구의 급감으로 일본은 정말 침몰할지도 모른다.

장기 침체에 허덕이던 헤이세이 시대를 마무리하고 이제 반격에 나서야 할 시점이다. 그러한 경제 성장의 중요한 열쇠를 쥐고 있는 것이 바로 혁신 산업을 창출하는 스타트업이다. 드디어 도약할 기회가 왔다.

세계에서 권위를 굳건히 다져온 GAFA도 변화의 조짐이 보이기 시작했다. 2019년 1월 프랑스가 IT 기업에 '디지털 과세'를 부과했다. 이미 2018년 5월에는 유럽연합(EU)이 개인정보 보호를 목적으로 한 '개인정보보호 일반규칙(GDPR)'을 시행했다. "무료로 수집한 개인정보를 활용해 이익을 극대화한다는 GAFA의 비즈니스 모델은 이제 전환점을 맞이하고 있다." 아서 디 리틀 저팬_{Arthur D. Little Japan}의 스즈키 히로토 파트너는 이렇게 지적했다.

GAFA가 단기간에 거대한 공룡이 된 이유는 대형 점포나 공장을 세우지 않는 '버추얼 인프라'가 강했기 때문이다. IT 혁명이 일으킨 물결의 흐름을 잘 포착하여 단숨에 그 규모를 키웠다. 하지만 순풍은 역풍으로 바뀌었다. GAFA의 확대를 뒷받침해 온 전 세계의 스마트폰 출하량은 2018년부터 감소세로 돌아서고 있다.

스즈키 씨는 "애플은 이미 소니의 징후가 나타나기 시작했다"라고 말했다. 창업자인 스티브 잡스가 없는 애플은 아이폰을 뛰어넘는 혁신을 만들어내지 못하고 있다. 소니도 창업자가 세상을 떠난 후 기세를 잃고 회복하기까지 많은 시간이 걸렸다.

구글조차도 안심할 수 없는 상황이다. 앞으로 세계 각국의 독점 금지법을 해결하려면, 압도적인 우위를 자랑해 온 검색 엔진과 모바일 시장에서 전략을 재검토할 수밖에 없다. 마이크로소프트가 고전하는 사이에 구글이 도약했던 것처럼, 이 책에서 소개한 다양한 분야의 '샛별'들이 파고들 틈이 생긴 것이다. 틈새시장을 파고들기 위해 다양한 산업의 실적을 쌓아온 우리에게도 기회가 찾아왔다.

일본의 유니콘은 겨우 한 곳뿐이다

그러나 현재 상황으로는 일본에서 세계적인 벤처기업이 출현할 것으로 보기는 어렵다. 미국의 'CB인사이츠'에 의하면 기업 평가액이 10억 달러가 넘는 비상장 기업인 '유니콘'은 전 세계의 237곳(2018년 3월 기준)에 달한다.

미국과 중국이 전 세계의 4분의 3을 점유
세계의 유니콘 기업 수(2018년 3월 기준 / 출처: CB INSIGHTS)

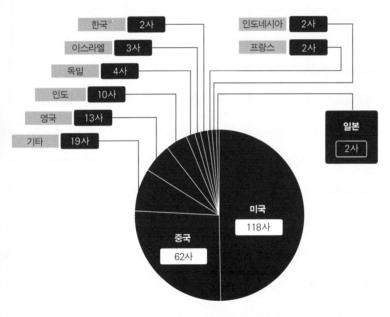

※ 당시에 발표한 일본의 유니콘 기업은 메르카리였다. 하지만 2018년 6월에 상장해 이제는 유니콘 기업이 아니다. 현재 일본 기업 중에는 AI 기술을 개발하는 프리퍼드 네트웍스의 평가액이 10억 달러를 넘어섰다.

◦ 2019년 12월 기준, 한국의 유니콘 기업은 11개사 - 편집자주

그중에서 약 50%가 미국, 약 26%는 중국이 차지하고 있다. 2018년 말 기준으로 추계해도 일본은 프리퍼드 네트웍스 한 곳뿐이다. 일본의 강점인 자동차 산업만 놓고 보아도 자율주행, 하늘을 나는 차, 차량 공유 등 혁신을 선도하는 기업은 모두 일본 기업이 아니다.

"우편 마차를 여러 대 묶어도 절대로 철도가 될 수 없다."《경제 발전의 이론》을 저술한 요셉 슘페터의 말이다.

대기업이 아무리 노력해도 "기존 사업의 연장 선상에서는 획기적인 혁신이 일어나지 않는다."(미국 스탠퍼드대학 아시아태평양연구소의 구시다 겐지 연구원).

그래서 스타트업이 중요하다. 입으로 말하기는 쉽다. 하지만 정말로 세계와 대등하게 맞붙어 싸우려면 그동안 방치해 왔던 오랜 과제들을 극복할 필요가 있다.

가장 중요한 과제는 젊은 창업가 육성이다. 자금이나 기술을 가진 경영자는 뒤로 한발 물러서 "차세대 영웅을 육성하고 사업을 활성화하는 일에 주력해야 한다. 젊은 세대와 베테랑의 명확한 분업이 실리콘밸리 활력의 원천이다." 이렇게 말하는 사람은 실리콘밸리에서 벤처기업을 지원하는《테크놀로지 지정학》의 저자 요시카와 요시나리다.

실리콘밸리에서 창업한 사람의 평균 연령은 30대라고 한다. 하지만 일본에서는 60대 이상이 전체의 3분의 1을 차지한다. 인생 100세 시대를 맞이하여 시니어가 새롭게 창업하는 사례가 늘어난 것이다. 그것은 그것대로 기쁘지만, 새로운 감성과 역동성을 지닌 젊은이를 베테랑의 경험과 인맥으로 '뒷받침'하는 편이 서로의 장점을 살리기 쉽다.

극복해야 할 또 하나의 과제는 '소심한 기질'이다. 벤처캐피털 윌^{WiL}의 이사야마 겐 공동창업자 겸 CEO는 "스탠퍼드대학의 비즈니스 스쿨에서는 졸업생의 절반이 이름도 없는 벤처기업에 취직하거나 창업을 한다. 그런데 일본에서는 우수한 인재가 대기업으로 흘러가 버린다. 그것이 스타트업의 탄생을 막는 가장 큰 애로점이다"라고 말했다. 이러한 상황은 미개척 영역에 도전하는 용기를 충분히 평가하지 않는 사회적 분위기 때문이라고 진단했다.

승부를 가르는 실패 경험

"일본의 기업인은 '실패 경험'을 평가하는 미국식, '생각보다 먼저 움직여라' 하는 중국식, 그리고 양국 공통의 '뛰어난 말주변'을 본받을 필요가 있다"라고 와세다대학의 무라모토 고우 객원 교수가 지적했다.

신중, 심사숙고, 겸허와 같은 일본인의 미덕은 전후의 산업 기반 구축에 플러스로 작용했다. 하지만 산업 전체가 서비스화되고 환경 변화가 급속도로 빨라진 현대 시대에는 반대로 걸림돌이 되고 있다.

무엇이 정답인지 모르는 최첨단 분야에서는 시행착오의 경험치 차이가 승패를 가른다. 무라모토 객원 교수는 "실패를 나쁘다고 여기기 때문에 사업에 실패한 사람을 두고 '생각이 짧다'라거나 '어설프다'라고 깎아내리는 풍조가 있다. 이것을 고치지 않는 한 미국과 중국에 이길 승산이 없다"라고 경고했다.

산업 분야의 실력이 떨어질 리 없는 일본이 유니콘 기업 수로는 미국과 중국의 발밑에도 미치지 못한다. 그 이유를 다카치호대학의 나가이 류노스케 교수는 프레젠테이션 능력이 떨어지기 때문이라고 지적했다. "미국과 중국의 스타트업들은 사업의 장래성을 열성적으로 토의하고, 시장의 평가를 얻어내는 데 능숙하다. 반면, 일본 기업은 설령 기술이 앞서 있다 하더라도 투자 위치에 실패하는 경우가 많다."

일본이 극복해야 할 과제의 공통점은 모두 일본인이나 일본 기업에 이미 내재하는 문제다. 스스로 변할 의지가 있다면 오늘부터라도 얼마든지 상황을 바꿀 수 있다.

— 2019년 6월, 닛케이 비즈니스 편집부

특별 수록

한국의 유니콘 기업을 말한다

'특별 수록'에 실은 한국의 유니콘 기업에 대한 소개는 원서에는 없는 내용으로
각 기업이 제공한 정보를 바탕으로 작성하여 추가하였습니다. - 편집자 주

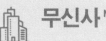
무신사 Musinsa

패션 이커머스
한국
기업 가치: 2조 3000억 원

패션 트렌드를 선도하는 유니콘 기업

신발 마니아였던 조만호 무신사 대표가 고등학교 3학년이던 2001년 인터넷 커뮤니티 '프리챌'에 '무진장 신발 사진이 많은 곳'이라는 패션 커뮤니티로 시작, 2005년 온라인 패션 웹진 《무신사 매거진》 발행, 2009년 온라인 패션 스토어 '무신사 스토어' 서비스 런칭, 10년 후 유니콘 등극. 무신사의 간략한 연혁이다.

이 역사에 무신사의 모든 것이 다 들어있다. 무신사는 처음부터 이커머스가 아니라 커뮤니티로 시작했다. 커뮤니티에서 이커머스로 바로 가지 않고 웹진부터 발행한다. 지금은 유튜브 채널에 '무신사TV'를 운영한다. 무신사의 드라마틱한 성공에는 콘텐츠에 기반한 이커머스 사업 전략이 있다. 무신사는 국내 1위의 패션 전문 온라인 셀렉트숍이다. 그러나 항상 그 앞에 '가장 HOT한', '트렌드를 선도하는'이라는 수식어를 붙인다. 무신사의 경쟁력이자 생명줄이기 때문이다.

무신사만의 차별화된 마케팅

무신사는 2019년에 회원 수 550만 명에 매월 평균 방문자가 1200만 명을 넘어섰다. 특히 주목할 것은 회원 중 핵심 패션 타깃층인 20대가 55%이고, 10~30대를 합치면 80%에 이른다는 점이다. 방문자 수는 물론 검색량도 다른 쇼핑몰에 비해 압도적이다.

이런 고품질의 이커머스를 유지할 수 있는 것은 차별화된 브랜드 마케팅과 고객에게 최고의 온라인 쇼핑 경험을 제공하기 때문이다. 타깃 연령층을 겨냥한 브랜드를 선별하여 패션 콘텐츠 전문가 집단에 의해 브랜드의 정체성과 상품의 가치를 기획에서 판매, 마케팅, 이벤트 전략까지 일관성 있게 다양한 방법으로 전달하는 것이다.

무신사가 지속해서 고민하는 것은 바로 이 전달 방식이다. 그중 하나가 실시간으로 인기 브랜드의 순위를 반응형 데이터 알고리즘을 이용해 공개하는 것이다.

다른 분야와의 콜라보레이션도 무신사만의 차별화된 마케팅이다. 캐주얼 브랜드 커머낫과 쌍용자동차의 티볼리는 1주 만에 10억 원의 매출을 올렸고, 무신사에서 단독으로 선 발매한 삼성전자의 스마트폰 갤럭시 M20은 비바스튜디오 등과 패키지하여 이틀 만에 소진되었다.

무신사의 승부는 지금부터다

무신사의 차별화된 비즈니스 모델이 알려지면서 세컨드 무버들이 속속 출현하고 자금을 앞세워 이들을 인수하여 시장에 달려드는 대기업까지 등장하면서 시장 경쟁은 치열해지고 초기 차별화는 퇴색되어 간다. 어쩌면 일반적인 추세인지 모른다. 무신사도 이러한 시장 변화에 대응하기 위해 변화하고 있다. 국내 신진 디자이너 및 브랜드 육성을 위해 무신사 넥스트 제너레이션을 시작하고, 신진 디자이너들을 위한 공유 오피스 '무신사 스튜디오'를 동대문에 열었다.

무신사 조만호 대표는 '사업의 핵심은 브랜드'라며 무신사는 브랜드의 플랫폼일 뿐이라고 강조한다. 빠르게 변화하고 점차 치열해지는 시장에서 무신사의 차별화된 플랫폼 파워를 이어갈 수 있을지, 점점 더 치열해지는 경쟁 속에서도 높은 매출 성장률과 영업이익률을 지켜낼 수 있을지는 과제다. 또한, 무신사의 강점인 콘텐츠에 기반한 이커머스 전략이 글로벌 시장에서는 어떻게 전개될지도 주목된다.

비바리퍼블리카 Viva Republica

핀테크
한국
기업 가치: 2조 7000억 원

기업명 비바리퍼블리카, 서비스명 토스

2015년 간편 송금 서비스를 시작하여 3년 만에 유니콘에 등극한 비바리퍼블리카. 사명인 비바리퍼블리카는 프랑스 대혁명 당시 민중들의 '공화국 만세'라는 구호의 라틴어 'Viva Republica'에서 따왔다. 사명인 비바리퍼블리카를 아는 사람은 많지 않을지 몰라도, 서비스명 토스(toss)를 모르는 사람은 별로 없다. 그만큼 핀테크가 상대적으로 부진했던 한국에서 토스는 '핀테크의 개척자'로 기억될 것이다. 그러나 창업자인 이승건 대표가 여덟 번의 실패를 거쳐 아홉 번째 내놓은 서비스가 토스라는 사실을 아는 사람은 많지 않을 것이다.

간편 송금에서 종합 금융 플랫폼으로

성공한 스타트업 기업의 비즈니스 모델이 그렇듯 토스의 시작은 아주 단순하다. 이승건 대표가 직접 느낀 금융 서비스의 불편함에서 출발했다. 송금 기능을 이용할 때마다 보안카드나 공인인증서가 있어야 했다. 수많은 액티브X도 설치해야 했다. 누구나 생각할 수 있는 불편함. 이 대표는 "(이런) 불편한 금융을 바꿔야겠다는 생각에서 토스를 시작하게 됐다"라고 말한다.

그 결과 토스는 별다른 홍보 없이 순식간에 입소문을 타고 많은 이용자를 확보하며 시장에 이름을 알릴 수 있었다. 토스의 성공적 런칭은 그리 길게 이어지지 않았다. 금융당국이 토스의 혁신적인 송금 서비스가 위법 소지가 있다고 판단하면서, 런칭 두 달 만에 서비스 중단의 상황에 놓이고 만다. 하지만 해외에서의 핀테크 성공

사례들이 국내에 전해지고 금융 규제 완화의 필요성이 대두되면서, 중단 1년 만에 금융당국의 유권 해석을 통해 서비스를 재개할 수 있었다. 다시 서비스를 시작한 토스는 기존 시중 은행과의 제휴 확대를 통해 서비스 안정성을 담보하고 사업 영역을 확대해 나가기 시작했다

비바리퍼블리카는 "왜 은행(금융기관)은 뻔한 상품에서 벗어나지 못할까. 사용자 경험을 더 쉽고 편리하게 또는 완전히 다르게 설계할 수는 없을까?"라는 의문에서 인터넷 은행 사업에 도전한다. 이 도전도 실패를 경험하고서야 결실을 얻는다. 2019년 5월 예비 인가에서 탈락의 고배를 마신다. 자금 조달능력에 붙은 의문을 해소하지 못했기 때문이다. 이에 비바리퍼블리카는 토스뱅크의 지분을 낮추고, 금융권 주주 및 전략 주주와 함께 컨소시엄을 구성하여 다시 인터넷 전문은행에 도전해 그해 12월에 예비 인가를 받아내는 데 성공한다. 비바리퍼블리카는 K뱅크, 카카오뱅크에 이어 세 번째 인터넷 전문은행 예비 인가를 얻었다.

토스, 새로운 주류로 올라설 수 있을까?

비바리퍼블리카가 주류 시장으로 진출하는 만큼 우려와 도전도 커진다. 비바리퍼블리카의 혁신은 곧바로 기존 금융사의 서비스 경쟁을 촉발했다. 점점 차별성은 줄고 경쟁은 커진다. 반면 비바리퍼블리카가 세계 핀테크 기업 28위에 오르긴 했으나, 자금 동원이 상대적으로 약점으로 지적된다. 총투자 유치액 3600억 원에 누적 가입자 1600만 명, 누적 송금액 73조 원 이상 규모를 만들어낸 비바퍼블리카가 극복해야 할 과제다. 또한, 송금액 규모가 커질수록 시중 은행에 지급해야 하는 수수료도 커지는 구조에, 경쟁이 심화하면서 공격적 마케팅에 나서야 하는 어려움도 있다. 다행히 송금 수수료는 2019년 12월 전자 금융업자의 지급 수수료를 크게 낮출 수 있는 오픈뱅킹 시대가 열리면서 수익성 개선의 기회를 얻었다.

모든 금융 생활을 토스 하나로 연결하려는 혁신적인 핀테크 스타트업. 비바리퍼블리카가 핀테크의 메기로 끝날 것인지 유니콘을 넘어 새로운 주류로 올라설지 관심이 집중된다.

야놀자 Yanolja

국내외 여가 / 숙소 / 모빌리티 예약 서비스
한국
기업 가치: 1조 2000억 원 이상

한국 대표 트레블테크 기업, 유니콘에 등극

숙박 중개업 하면 제일 먼저 떠오르는 기업이 미국의 에어비앤비^{Airbnb}다. 에어비앤비는 현재 191개국 8,100여 개 도시, 500만 개 이상의 숙박시설을 연결하는 민박 서비스의 대명사다. 또한, 공유경제의 대표 기업이다.

국내에는 대표적인 기업으로 야놀자가 있다. 2005년 포털 커뮤니티로 출발한 야놀자는 변화를 거듭하며, 지금은 '누구나 마음 편히 놀 수 있게'라는 비전을 실현하기 위해 글로벌 R.E.S.T.(Refresh. Entertain. Stay. Travel) 플랫폼으로 변신하고 있다. 야놀자는 국내 여행 관련 기업 중 최초이자 유일하게 기업 가치 10억 달러 이상 비상장기업을 뜻하는 '유니콘'에 등극했다.

앱 하나로 세상의 모든 놀거리를 제공한다

야놀자는 호텔부터 리조트, 펜션, 게스트하우스에 이르기까지 전 세계 160여 개국, 60만 개 이상의 숙소를 넘어 놀거리, 휴식, 레저 그리고 교통까지 이 모든 것을 고객과 직접 연결한다.

이수진 총괄대표는 "디즈니랜드 속에는 디즈니월드가 꿈꾸는 모든 놀거리가 있는 것처럼, 야놀자도 세상의 모든 놀거리를 제공하고 싶다. 야놀자 앱 하나로 여행과 여가생활을 모두 할 수 있는 슈퍼앱을 만드는 것이 꿈"이라고 말한다.

야놀자가 국내 여행 관련 기업 중 유일하게 유니콘에 오른 또 다른 이유는, 지난 3년여간 공격적인 M&A를 진행하며, 글로벌 시장으로 사업을 확장했기 때문이다.

2019년 9월에는 객실 관리 시스템(PMS)을 기반으로 한 호텔 관리 자동화 솔루션을 구축하기 위해 글로벌 최대 클라우드 기반 PMS 기업인 인도의 이지 테크노시스eZee Technosys를 인수해 글로벌 시장으로 가기 위한 기반까지 마련했다.

유니콘을 넘어 슈퍼앱을 꿈꾼다

야놀자도 한국의 다른 유니콘 기업들과 마찬가지로 수익성 확보의 과제를 안고 있다. 앞서 소개한 대로 야놀자는 최근 몇 년간 인수 합병을 통해 덩치를 키웠다. 2018년 연결기준 전년 대비 87.5% 성장한 매출 1885억 원을 달성했지만, 영업 손실이 일부 개선되었으나 아직은 흑자 전환에 성공하지 못했다. 야놀자의 꿈인 R.E.S.T. 플랫폼이 완성되면서 수익 창출로 돌아서며 선순환할지가 2022년 계획한 IPO의 관건이다.

2019년 들어서며 긍정적인 시그널들이 나왔다. 야놀자는 2019년에 해외 1,000여 개의 호텔을 보유한 동남아 1위 호텔 체인 젠룸스ZEN Rooms에 투자하여 1대 주주로 올라섰다. 젠룸스 투자를 통해 실적과 시너지가 가파르게 오르며 글로벌 시장에서의 성공에 대한 기대를 높이고 있다.

또한, 온라인 예약 거래액이 1조 원을 돌파하며 글로벌형 규모 경제를 이루어냈고, 매출액도 3000억을 넘어설 것으로 예상된다. 유니콘을 넘어 슈퍼앱을 꿈꾸는 야놀자의 향후 추이가 기대되는 이유다.

위메프 WEMAKEPRICE

온라인 쇼핑
한국
기업 가치: 2조 5000억 원

창업 10년 만에 유니콘 기업 반열에 오르다

대규모 적자를 감수하면서도 공격적인 경영으로 시장 경쟁력을 높이려고 혈전을 벌이고 있는 한국 소셜 커머스 시장에서 외형만이 아니라 내실에 상대적으로 큰 노력을 기울이는 스타트업 기업이 있다.

위메프는 2010년 순수 국내자본으로 소셜 커머스를 시작하였다. 처음에는 '위메이크프라이스'라는 이름으로 오픈한 후 2013년에 '위메프'로 이름을 바꾸었다. 초기에 업계 간 과도한 경쟁으로 여러 난관에 부딪히기도 했으나 슬기롭게 극복하고, 다양한 '위메프 ○○데이'라는 특가 행사를 성공시켜 업계 최초로 일 거래액 200억 원을 돌파하면서 본궤도에 오르기 시작했다.

특히 2015년을 기점으로 위메프는 경쟁업체들과 다른 전략을 내걸며 매출과 손익 두 마리의 토끼를 함께 잡는 경영을 선택한다. 이후 거래액은 2018년에 5조 4000억 원에서 2019년 6조 2000억 원으로 15% 성장하고 2015년 이후 손실은 3년 연속 감소하였으며 영업활동 현금 흐름은 흑자를 달성했다. 이러한 성과에 힘입어 넥슨의 지주사인 NXC로부터 3500억 원을 투자받았고, 한국 대표 투자회사인 IMM인베스트먼트로부터 자산가치를 2조 5000억 원으로 평가받으며 1200억 원의 투자를 끌어내는 데까지 성공했다.

위메프식 눈덩이 효과를 기대하며 파트너사와 상생을 강조하다

위메프는 현재 회원 수가 1800만 명이 넘고, 2019년 한 해 1억 2200만 건(월평균

약 1000만 건) 이상이 거래되었으며, 그 거래액은 6조 2000억 원에 달한다.

이러한 서비스가 가능한 데에는 위메프가 업계 선도적으로 기술적인 혁신에 투자했기 때문이다. 위메프는 2017년부터 인공지능(AI) 개발 전담부서를 두고 온라인 쇼핑 시장에 AI를 접목하여 이를 개발, 적용하였다. 이를 통해 고객에 새로운 쇼핑 경험과 접근성을 높였다. 그 결과 회원의 활동이 기존보다 30% 이상 증가하였으며, 이는 매출 증가로 이어질 수 있었다.

소셜 커머스의 또 다른 고객인 플랫폼 입주업체와의 상생에도 투자를 아끼지 않았다. 위메프 박은상 대표는 "더 많은 중소 파트너사들이 성공할 수 있는 선순환 구조를 만들어 위메프식 눈덩이 효과(Snowball Effect)를 실현할 것이다"라고 말한다. '눈덩이 효과' 전략은 특가 정책을 앞세워 가격 경쟁력을 강화하고, 여기서 벌어들인 수익을 다시 가격을 낮추는데 투자해 선순환 구조를 만드는 방식이다. 눈덩이가 한번 구르기 시작하면 그 속도와 무게가 기하급수적으로 늘어나는 것처럼 가격 경쟁력을 기반으로 눈덩이처럼 빠르게 성장하겠다는 것이다. 위메프는 플랫폼에 입점한 업체를 '파트너'라고 지칭한다. 의미 그대로 흥망을 함께하는 동반자라는 의미다. 2019년 위메프와 함께하는 파트너사는 5만 개를 넘어섰다.

위메프의 행보에 주목하는 이유

위메프를 포함해 이커머스 업계의 치킨게임은 10년째 이어지면서 그 적자는 눈덩이처럼 불어나고 있다. 이커머스 업계의 치열한 경쟁구조로 볼 때 이러한 적자 구조는 당장 벗어나기 어렵다. 그런데도 누구도 이 치킨게임에서 벗어날 생각이 없는 듯하다. 당장은 힘들지만, 하나둘 이 게임에서 떠나고 결국 남는 자가 주류 시장으로 부상하는 이 시장을 다 차지할 수 있다는 판단 때문이다. 실제 지난 10년 동안 이 게임에서 떠난 곳은 그루폰코리아가 유일하다. 오히려 더 경쟁적으로 공격적인 투자를 벌이고 있다. 그런 점에서 성장과 손익, 균형 전략으로 선회한 위메프의 향후 행보에 관심이 집중된다.

색인 INDEX

독자의 이해를 돕기 위해 이 책에 소개된 100개 기업의 영문 사명을 알파벳순으로 정리했습니다.

옮긴이 최예은

일본 국립 나라여자대학교 대학원에서 노인복지와 사회복지정책(Ph.D)을 전공하고 현재
기업 연구소에서 전문 연구원으로 근무하고 있다. 좋은 책을 함께 나누고 싶어 글밥아카
데미를 수료한 후 전문 번역가로 활동 중이다. 옮긴 책으로는《도쿄대 고령사회 교과서》,
《논어와 주판》 등이 있다.

이제는, NEXT GAFA

초판 1쇄 인쇄 2020년 2월 14일
초판 1쇄 발행 2020년 2월 25일

지은이	닛케이 비즈니스
옮긴이	최예은
펴낸이	나현숙

펴낸곳	디 이니셔티브
출판신고	2019년 6월 3일 제2019-000061호
주소	서울시 용산구 이태원로 211 708호
전화·팩스	02-749-0603
이메일	the.initiative63@gmail.com
홈페이지	www.theinitiative.co.kr
블로그	https://blog.naver.com/the_initiative
페이스북·인스타그램	@4i.publisher

ISBN	979-11-968484-1-5 03320

이 도서의 국립중앙도서관 출판예정도서목록(CIP)은 서지정보유통지원시스템 홈페이지
(http://seoji.nl.go.kr)와 국가자료공동목록시스템(http://www.nl.go.kr/kolisnet)에서
이용하실 수 있습니다. (CIP제어번호: CIP2020004156)

 The initiative

디 이니셔티브는
보다 나은 미래에 도전하는 콘텐츠 퍼블리셔입니다